国家出版基金项目
NATIONAL PUBLICATION FOUNDATION

中國歷代勸農考

宋希庠◎著

山西人民出版社
山西出版傳媒集團

圖書在版編目(CIP)數據

中國歷代勸農考 / 宋希庠著. -太原: 山西人民出版社, 2015.3
(近代名家散佚學術著作叢刊 / 許嘉璐主編)
ISBN 978-7-203-08962-9

Ⅰ. ①中… Ⅱ. ①宋… Ⅲ. ①農業政策-考證-中國-古代 Ⅳ. ①F329.02

中國版本圖書館CIP數據核字(2015)第037101號

中國歷代勸農考

主　　編　許嘉璐
著　　者　宋希庠
責任編輯　梁晉華
助理編輯　張　潔

出 版 者　山西出版傳媒集團·山西人民出版社
地　　址　太原市建設南路21號
郵　　編　030012
發行營銷　0351-4922220　4955996　4956039
　　　　　0351-4922127(傳真)　4956038(郵購)
E-mail　sxskcb@163.com　發行部
　　　　　sxskcb@126.com　總編室
網　　址　www.sxskcb.com

經 銷 者　山西出版傳媒集團·山西人民出版社
承 印 廠　山西出版傳媒集團·山西人民印刷有限責任公司

開　　本　700mm×970mm　1/16
印　　張　7.5
字　　數　73千字
印　　數　1—3000冊
版　　次　2015年3月　第1版
印　　次　2015年3月　第1次印刷
書　　號　ISBN 978-7-203-08962-9
定　　價　19.00圓

《近代名家散佚學術著作叢刊》編委會

出版説明

近代名家散佚學術著作叢刊選取一九四九年以後未再刊行之近代名家學術著作共一百二十册，編例如次：

一、本叢書遴選之著作在相關學術領域具有一定的代表性，在學術研究方向、方法上獨具特色。

二、爲避免重新排印時出錯，本叢書原本原貌影印出版。影印之底本皆經專家組審定，原書字體大小，排版格式均未做大的改變，原書之序言、附注皆予保留。

三、本叢書分爲八大類，以作者生卒年編次。

四、爲使叢書體例一致，本叢書前言後記均采用繁體字排版。

五、個别頁碼較少的版本，爲方便裝幀和閲讀，進行了合訂。

六、少數學術著作原書内容有個别破損之處，編者以不改變版本内容爲前提，部分進行修補，難以修復之處保留缺損原狀。

七、原版書中個别錯訛之處，皆照原樣影印，未做修改。

八、所選版本之抽印本頁碼標注，起始至所終頁碼均照原樣影印，未重新編排標注新頁碼。

由於叢書規模較大，不足之處，殷切期待方家指正。

總序／披沙瀝金，以爲鏡鑒

◇許嘉璐

多年來有一個問題始終在我腦中盤桓：爲什麽在十九世紀末到二十世紀初，在短短的幾十年裏，中國的各個學術領域竟涌現了那麽多大師級的人物？這是中國近代史上一個極爲重要的現象，我認爲，如果不能給出令人滿意的答案，我們撰寫的近代學術史將是不完整的，甚至是缺乏靈魂的。後來我知道，著名人類學家克羅伯曾提出過一個問題：爲什麽天才成群地來？看來這種現象的出現並非中國所獨有，思考其所以然的也大有人在。而在那一次世紀之交中國的情況，似乎應驗了「天才成群地來」這個令克氏久久不解的疑問。錢學森先生曾從相反的方向提出了相同的疑問：爲什麽我們這個時代出現不了杰出人才？後來人們稱這個問題爲「錢學森之謎」。

要回答這些疑問不是件容易的事。與其迅速地囫圇地探尋，不如先多了解那些讓中國近代學術（應該包括人文科學和自然科學）史上閃耀着光輝的大師們的作品和自述，從而在腦海里盡量「復原」他們所處的環境和在那種環境下的心理路徑，從中或許可以得到一些啓示。

有一點是顯然的，這就是他們雖然都已遠離塵世而去，但是他們獨立思考的品性、求知治學的真誠、困厄窮愁中對節操的堅守，恐怕是他們共同的主觀因素，一直影響到現在，而且將會永遠留存下去。

就思想界、學術界而言，二十世紀上半葉是一個新説和舊説碰撞，中學和西學融匯的大時代。那時的學人極爲重視言行操守，同時具備現代知識分子的理想信念；他們的學術研究十分純净，絶少功利因素；他們的視界開闊，以包容的心態和嚴謹的風格造就了成果的大氣與厚重。至於在客觀因素一面，他們實際是在用工業化時代的事實解説着太史公所説的名山之作「大抵聖賢發憤之所爲作」，困厄苦難使得他們「皆意有所鬱結」。這種鬱結，幾乎和個人的名利毫無牽涉，他們永遠不能釋懷的，是民族的存亡、國運的興衰、民衆的福禍和文脈的續斷。

那個時代也是近代歷史上最大規模的中西古今學術調適、創新的時期，學術方法上的交互滲透和融合、創新亦可謂「於斯爲盛」。斯時之學人是要在封閉的屋墻上鑿出窗子的勇士，是使人能够看看外部世界的第一批導夫先路者；或者可以説，他們是在「意有所鬱結」時「彷徨」和「吶喊」的「狂人」。

相對於那時的哲人們，後來者是幸運兒。現在的形勢是，近三十年來學界空前繁榮，衆多學科有了長足之進，其中很重要的一點是學界有了更新穎、更廣闊的國際視野，似乎接續上了百年前的學壇盛事。但細想想，「古」與「今」還是有差别的。其异，主要不在於世界情勢、學術進展、工具改善這些客觀存在，而在於在廣泛吸收各國優長的同時，自身文化的主體性越來越受到重視，换言之，「拿來主義」已經延長了「拿來」的程序，加上了試用、甄别、篩選、吸收、融合、成長。就我孤陋所見，在當今地球上，面向所有異質文明，努力汲取我之所缺，其範圍之大和心態之切，似乎無出中國之右者。從這個角度説，我們已經超越了前輩。但是事情還有另外一面，學術，特别是人文學科，其職業化、「沙龍化」和功利性，以及隨之而來的浮躁病却嚴重了。從這個角度説，是不是我們已經後退得够可以的了？而這是不是我們這個時代出不了大師的原因之一呢？

民國學術界的特點之一是極爲注重對傳統文化的反省、批判與繼承。他們對傳統文化盡最大的努力進行整理和研究。一方面，由於戰亂頻仍，民不聊生，學者們擔起了讓中華文化薪火相傳的歷史責任；另一方面，他們要通過對中國傳統文化的整理、挖掘來重振民族自信心。這一時期對傳統文化進行整理的全面而深入是前所未有的，舉凡文字學、語言學、經濟學、法學、哲學、政治制度、書法繪畫、金石學……規模之宏大，研究之精微，令人嘆爲觀止。

民國學術推動了現代學科體系的建立。在對傳統文化整理和研究的基礎上，吸收西方的文化思想和理念，推動和建立了中國現代學科體系。例如，在對語言文字和音韵學成果進行整理、研究的基礎上開始着手規範之，建立了國語學；深入研究書法、國畫，將其融入了現代美術學科；在廢除舊有學制後逐步建立起小、中、大學較完整的科目和學科體系。

民國學術也改變了傳統學術方式，建立了新的研究範式。以現代科學考古爲發端，科研的實踐和成果使中國知識界真正認識到在實驗、比較基礎上的邏輯分析對學術研究的重要，推進了中國學術的一大演變。至於我們常説的打破士大夫傳統、走出書齋到田野鄉村和市民中進行調查研究、結束了經學時代、以歷史眼光檢視儒學和諸子等等，都是確立新學術範式的努力。這一轉變，也標誌着中國學術界脱胎换骨，全面進入了現代，爲此後的學術發展奠定了堅實的基礎。當然，西方啓蒙運動以來，在「現代性」和「現代化」裏潜伏着的缺陷和謬誤也傳到了中國，這些不能不在前哲的著作裏留下痕迹。這並不奇怪。類似的情况，古往今來孰能免之？猶如今天的我們，誰敢自稱我之所見就是永恒的真理？在這個問題上兩個時代所異者，或許就在昔時大家創立新説或譯註西學著作，往往是懷着對學術和前哲的敬畏而爲之，故而常常誤不在我；當今則往往出於對學問和他人的輕蔑，或以所研究的對象爲謀己的工具，因而難辭主觀之咎吧。翻閲他們的心血之作，這些復雜的狀況可以顯見，可以視之爲我們的一面鏡子。

滄海桑田，世事變幻，歷史的動盪和時代的遮蔽，使當年許多大師的一些極有價值的學術著作被棄於故紙堆中，不能不令人有遺珠之憾。爲此，山西人民出版社不惜以數年之艱辛，披沙瀝金，編輯出版這套近代名家散佚學術著作叢刊，凡一百二十册，計文學、史學、政治與法律、美學與文藝理論、民族風俗、宗教與哲學、經濟、語言文獻共八大類別。所選皆爲作者之純學術著作，無論是其見解、精神，抑或是其時代烙印，都是後輩學人可資借鑒的寶貴財富。他們出版這套叢書，意在讓世人不忘來程，知篳路藍縷之不易，爲民族文化的傳承再增薪木。

出版社的初衷，與我近年來所思所慮近似，故願略述淺見於書端，以與策劃者、編輯者和讀者共勉。

二〇一四年七月六日

改定於自安東回京途中

前言

◇王繼軍

一切歷史都是當代史，人類歷史具有延續性，現實之中包含着歷史的因素，割不斷的傳統深刻地影響着當代社會；歷史可以從當代的角度去發現和解讀，當代所面臨的現實問題，促使我們去追尋它形成的根源，去叩問前人的智慧，以資借鑒。在平静緩慢、綿延不絶的歷史長河中，總有那麽一些波瀾壯闊、起伏跌宕的時期，它們所孕育的巨大轉折價值和意義深深地影響着後來者。近代中國社會經歷了亘古未有的大變革。就經濟而言，傳統的自然經濟結構受到衝擊，資本主義因素的工商業在經濟體係中佔據越來越重要的地位；在政治上，帝制衰敗，共和肇興；在法律方面，傳統的法律典章再也不能够適應富强、民主、自由、科學的社會需要，西法東漸，勢不可擋；在文化和學術上，東西文化的碰撞、交流與融合，使得發現新資料、運用新方法、創造新範式、提出新思想成爲可能。中國近百年的歷史可以説是一個從傳統社會轉向現代社會的歷史。

開放的思想是人類理性挑戰愚昧的鋭器，自由的學術是世界邁向理想社會的階梯。一代學人以他們廣博的學識、獨立的品格、創造的思維、勤奮的勞動，推出燦若繁星而又堅實厚重的學術成果，爲時代提供智慧的啓迪和思想的指引，以一種獨特的方式積極參與到社會變革的偉大歷史進程來。學術的力量是長久和巨大的，學者的貢獻是不應該被忘記的。

本叢刊政治與法律部分，輯録了于佑虞、聞亦博、曾松友、宋希庠、楊德森、常乃悳、瞿同祖、王振先、熊理、朱章寶、蔡樞衡、趙鳳喈、陳顧遠、郭箴一等名家散佚的論著，其中涉及社會形態、政治制度的歷史與學説、中國古代的倉儲、糧政、勸農、海關、婚姻等制度、婦女問題以及中國法律之精神與法律現象變遷等諸多方面的重要論題。這些論著具有資料豐富、考證翔實和「思他人所未思，言他人之未言」的共同特徵，又在方法、結構、風格方面展現出摇曳多姿的形態。有的長於叙事，爬梳整理，去僞存真，娓娓道來；有的善於思辨，歸納演繹，比較剖析，鞭辟入裏；有的體大思精，在宏大的架構中闡説精妙的見解；有的以小見大，於細微處見精神。這些論著無疑成爲中國學術史上的瑰寶。

閲讀是一種交流，研習先輩學人的著作，就仿佛與杰出的心靈展開了一場穿越時空的對話；閲讀是一種沉思，浸潤於那些深邃的思想裏，使我們得以忘却外部的喧囂與繁華；閲讀是一種旅行，我們汲取歷史的滋養，再向更遠處出發。

是爲序。

作者簡介

宋希庠，生平不詳。

序一

溝通農學與農業，重在農業推廣工作。推進農業推廣工作，繫乎農業行政之督率。一國之農業推廣工作，如僅恃少數學術團體或地方機關爲之代庖，而不謀事業組織之普遍，督率之嚴密，則絕難收推廣之效。我國現今農學與農業之不能溝通，其咎實由於農業推廣之無以推進，固彰彰也。吾友宋君序英治農有年，從政之餘，憫農學與農業之不能溝通，深感農業推廣工作之重要，而尤覺政治督率之切需，既博考東西各國農業推廣之行政，以爲工作進行之參考，復以我國之民情習俗風土農事，在在與他國不侔，遂又詳徵歷朝勸農制度，上起三代，下迄遜清，分章敍述，輯爲中國歷代勸農考一書，藉爲從事農業推廣者之借鏡。文凡數萬言，書成將付剞劂，囑序於余。余惟歷代勸農之制，均以社會爲背景，切合時代需要，雖去今已遠，不可盡法，然良謨善制，足供參考者實多，則是書也，以爲農史可，以爲農業推廣法亦無不可。是爲序。

民國二十四年八月六日，杭縣李積新序於鎮江儉廬。

序二

勸農考者，吾友宋子序英之所作也。序英嫥志於農十餘年不懈，所作論箸甚多。余嘗序其農業論文集者行之世矣，顧多言近世學理與行政之要，未及於古之政也。已乃盡發陳籍，搜集歷代勸農之事，彙爲一編，復謁余爲序。楊雄氏有言：知今不知古，謂之聾瞽；知古不知今，謂之陸沈。序英之爲，其可謂通知今古者與。夫世與世相積而成古今，心與心相續而成文明，媛媛姝姝，守一世之法，恃一心之知，謂可以禦萬變而制羣有，不復廣搜遠稽，洞觀玄覽於上下數十載間，取其長以補其不及，是自儕於洪荒之野人，而忘其爲神明之胄，是皆昔人所譏邯鄲學步者類也。吾國學人能盡如序英之於農，必不肯自喪其家寶。此予重有取於是書也。余怪吾國以農立國，古者君相師儒，莫不以民生利病爲念，其惻怛豈弟之意，見於辭令，後世讀之，猶爲動色，而農之憔悴如故也。至於今日賢人哲士，殫研種作之法，蔚爲專科，而所以爲農謀者，有合作社、有借貸處、有抽水灑水機、有改良種子法，紛紛藉藉，亦云勤矣，而農之憔悴如故也。蓋古者有其心而具與法不足，故其收功也微；今雖有具與法，而亦未能大利澤於民者，意者惻怛豈弟之意尙有未逮於古者邪？可以知所從事矣。

乙亥十二月同學弟王煥鑣謹序。

目次

第一章 緒言

農之爲業，類別綦繁，同一藝殖，自耕耘以致收穫，施工之雜，罔不各有其專擅，非謹勤其手足，卽可冀豐穰也。古之王者，宰治重教。旣視農爲本業而末置工商，凡有可以佐黎首力農，罔不設官而教導之。勸農制度，用是創立。我以農立國者垂五千年，勸課農事，溯源極古。後世因襲，莫敢或輕。農業遞嬗之跡，歷久而靡有喪廢者，不得不歸功於歷代之勸農。考勸農之制，實有類於今之農業推廣，保育誘導，利彼事功，愛養元元，義無軒輊；唯古制體徵而不彰，今以科學昌明，體制益徵美備而已。然而先哲遺緒，理宜闡章，忘祖貽譏，義應數典。三代聖王養民之制，縱不能復，冀獲於載籍中，推求其懷保無已之意；而歷代享國之久暫，與勸農之爲實惠爲虛文，其連誼實至深切。今雖變易其名爲農業推廣，其質固在而其意猶未亡也，詎不足爲秉政者所效法哉？茲謹端始三代，下逮遜清，考其舊聞之足徵者，次第編輟，冀在位者有以鑑古而日修利農之政而已！

第二章　三代之勸農

炎帝興耒耜之教，農業遂爲萬世所永賴。堯舜敬天授時，會遭洪水，天下分絕，命禹治之。禹既平水土，可事種藝，乃命棄曰：『黎民阻饑，汝后稷播時百穀』是水平之後始播百穀者，稷也。孟子謂『后稷教民稼穡，樹藝五穀。』繹孟子之所謂『教民』不僅止教以耕耘播種而已，其亦因九州之別，土性之異，視其土宜而教之歟？

周家以農事開國，自公劉以來，咸以稼穡爲事，而文王尤耑心田事。書稱『文王卑服，卽康功田功，』卽是以爲養民之功也。成王幼冲嗣位，周公懼其未知稼穡之艱難也，旣作無逸篇以誡之，復作豳風之詩，使瞽矇歌之宮中，庶幾成王知小民之依，不敢荒寧。故成王重視農業，且設農官以事勸課，復作戒農官詩：

『嗟嗟臣工，敬爾在公，王釐爾成，來咨來茹。嗟嗟保介，維莫之春，亦又何求，如何新畬，於皇來牟，將受厥明，明昭上帝，迄用康年，命我衆人，庤乃錢鎛，奄觀銍艾。』——周頌

成周盛時，其播種百穀之事，具有成法。羣臣百官容有不盡知者，故於戒飭之際，致其深嘆之言，而且加以敬之一辭，俾其詳考夫先王之成法，以爲三農之勸相。旣不可失其時，又不可失其度，自耕種以至於收穫，無一不循其序；凡舊田與新田，無一不得其宜。官則盡其勸相之功，民則致其耕治之力，農事之興，豈無故哉！

成王所設之農官，其見於詩者，有『田畯』；見於周頌者，有『保介。』田畯，田大夫也。保介，農官之副也。

『同我婦子，饁彼南畝，田畯至喜。』——詩豳風

『曾孫來止，以其婦子，饁彼南畝，田畯至喜。』——詩小雅

周禮爲周公致太平之書，其作周官也，或以巡稼穡，或以簡稼器，趨其耕耨，辨其種類，合耦以相助，移用以相救，建官以分治於下者，諄諄以農事爲急，誠可謂知本矣。茲摘錄其官制如左：

『甸師，下士二人，掌帥其屬，而耕耨王藉，以時入之，以共齍盛。——以上周禮天官

大司徒，卿一人。大司徒之職，辨十有二壤之物，而知其種，以教稼穡樹藝。

載師，上士二人，中士四人，掌任士之法。凡田不耕者，出屋粟。

閭師，中士二人，任農以耕事。凡庶民不耕者，祭無盛。

遂人，中大夫二人，以土宜教甿稼穡，以興鋤利甿，以時器勸甿，以彊予任甿。

遂師，下大夫四人，上士八人，中士十有六人，旅下士三十有二人，各掌其遂之政令戒禁，巡其稼穡，而移用其民，以救其時事。

遂大夫，每遂中大夫一人，各掌其遂之政令，以歲時稽其夫家之衆寡；六畜田野，辨其可任者，與其可施舍者，以

教稼穡，以稽功事令為邑者，歲終則會政致事，正歲簡稼器，脩稼政；三歲大比，則帥其吏而興甿，明其有功者屬其地治者；凡為邑者，以四達戒其功事而誅賞廢興之。

縣正，每縣，下大夫一人各掌其縣之政令徵比，以頒田里，以分職事，趨其稼事而賞罰之。

鄙長，每鄙，中士一人，公掌其鄙之政令，以時校，登其夫家比其衆寡；若歲時簡器，與有司數之；凡歲時之戒令皆聽之，趨其耕耘，稽其女功。

里宰，每里，下士一人，掌比其邑之多寡，以歲時合耦於鋤，以治稼穡，趨其耕耨，行其秩敍。

草人，下士四人，掌土化之法。

稻人，上士二人，中士四人，下士八人，掌稼下地。

土訓，中士二人，下士四人，掌道地圖，以詔地事，道地慝。

廩人，下大夫二人，上士四人，中士八人，下士十有六人，掌九穀之數。

倉人，中士四人，下士八人，掌粟入之藏。

司稼，下士八人，巡野觀稼，以年之上下出斂法。』——以上周禮地官

上列為周代農官之制度，至於勸農政事，可得而攷者，有如左述：

「大司徒之掌建土地也，辨十有二壤之物而知其種，以教稼穡樹藝焉。司徒於是以下劑至甿愛其力，以田里安甿厚其俗，以樂昏擾甿洽其恩，以土宜教稼穡阜其產，以興鋤利甿通其力，以時器勸甿趨其功，以彊予任甿防其惰。

遂師則巡其稼穡，而移用其民，以救其時事。

遂大夫則正歲簡稼器，修稼政，而以教稼穡，稽其功事。縣正則趨其稼事，而掌其賞罰。鄭長則趨其耕耨，而稽其女功。里宰則歲時合耦於鋤，以秩叙其耕耨；事司稼又爲之辨種稑之種，周知其名，與其所宜地，以爲法，而懸於邑閭，則衆著於士穀之宜矣。

種穀必雜五種，以備災害。田中不得有樹，用妨五穀。力耕數耘，收穫如寇盜之至。環廬樹桑，菜茹有畦。瓜瓠果蓏，殖於疆場。雞豚狗彘，毋失其時。

凡民之無職者，出夫布；不畜者，祭無牲；不耕者，祭無盛；不蠶者，不帛；不績者，不衰。

太宰九職三任，一曰三農；司徒十二職之殖首曰稼穡。小司徒之井牧，立田制也；遂人之溝洫，興水利也；草人辨其地之剛瀉墳壚，別壤糞也；稻人掌其畜止均瀉，防旱潦也。

用力三日，恐其奪民時也。起役無過一人，虞其妨農業也。」——古今治平略周代勸農制度，觀上述而允知詳盡。以一稼穡之教，司徒既教之，遂人又教之；一耕耨之趨，鄰長既趨之，里宰又趨之；一種稑之種，舍人既懸之，司稼又辨之。凡有可以佐百姓力農者，罔不設官而教導之，有似今日農業推廣制度下之農業指導員。至於防災害，勤收穫，利用隙地，提倡副業，今之農政，亦不外是。當時農官匪特爲積極之勸導，且示罰則，以資警誡。故田不耕者出屋粟，懼其游惰而不勤也；民無職者出夫布，憂其舍本而從末也；他如不帛不衰，亦爲消極勸勉從事蠶桑紡績之遺意，創制者用心固極深摯也。

成王既置農官而戒命之，後王復遵其法而重戒之，於是有噫嘻之頌。其辭曰：

『噫嘻成王，既昭假爾，率時農夫，播厥百穀，駿發爾私，終三十里，亦服爾耕，十千維耦。』——周頌

其後周宣王卽位，不籍千畝。虢文公諫曰不可，其辭有謂：『夫民之大事在農，上帝之粢盛，於是乎出。……先王三時務農，而一時講武。……將何以來福用民？』王弗聽，已而戰於千畝，王師敗績。按周禮，籍田爲甸師氏所掌，王載耒耜所耕之田，天子千畝，諸侯百畝。又據禮記祭義所載，天子爲籍千畝，冕而朱紘，躬秉耒耜；諸侯爲籍百畝，冕而靑紘，躬秉耒。耤之爲言借也，創作於天子，借民力治之，故謂之耤。天子親耕，爲兆民倡，亦勸農之微意也。耕耤之制，備載於禮記月令，茲摘月令篇有關勸農各節如左：

『孟春之月，天子乃以元日，祈穀於上帝。乃擇元辰，天子親載耒耜，措之於參保介之御間，帥三公九卿諸

大夫躬親帝籍。大子三推，三公五推，卿諸侯九推。反，執爵於太寢，三公九卿諸侯大夫皆御，命曰勞酒。

王命布農事命田（按即田畯，主農之官）舍東郊，皆修封疆，審端徑術，善相丘陵阪險原隰土地所宜，五穀所殖，以教導民，必躬親之。田事既飭，先定準直，農乃不惑。

季春之月，天子乃薦鞠衣於先帝（按薦黃色之衣，以祈蠶事），命虞野（主田及山林之官）毋伐桑柘。后妃齋戒，親東鄉躬桑，戒婦女毋觀，省婦使（減省其箴線縫製之事），以勸蠶事。蠶事既登，分繭稱絲效功，以共郊廟之服，毋有敢惰。

孟夏之月，命野虞出行田原，爲天子勞農，勸民毋或失時。命司徒巡行縣鄙，命農勉作，毋休於都（按勉其興作於田野之內，禁其休息於都邑之間，皆恐其有失農時）。驅獸無害五穀，毋大田獵。

季夏之月，不可以興土功，不可以合諸侯，不可以起兵動衆，毋舉大事，以搖養氣；毋發令而待，以妨神農之事也。

仲秋之月，乃命有司，趣民收斂，務畜菜，多積聚。乃勸種麥，毋或失時；其有失時，行罪無疑。

孟冬之月，勞農以休息之（按勞農即周禮黨正屬民飲酒之禮也）。

季冬之月，令（按令典農之官）告民出五種（出其所藏五穀之種），命農計耦耕事，修耒耜，具田器。

專而農民，毋有所使（按在上者，當專一汝農之事，毋得徭役使之也）』——禮記月令

周以農事開國，其於農事極勸課之能事。周禮爲周公致太平之書，創制勸農，備極詳盡。其見於詩歌者，亦足資勸農制度之攷證。周詩有曰：『雨我公田，遂及我私』，在民則有先公後私之意；『駿發爾私，終三十里』，在君則有先私後公之心。君民上下，皆相勉以農力，不啻如父子兄弟，則其農蓋有不待勸矣！

周人固重農，且以士待農，不以農待農也。田有井，黨有庠，遂有序，家有塾，新穀既登，子弟始入塾，距冬至四十五日而出。聚則行鄉飲，正齒位，讀教法；散則從事於耕，故天下無不學之農。六卿六遂之民，皆受田之農也。鄉大夫三年大比之興賓，遂大夫三歲大比之興甿，皆於鄉遂中得之。耕則爲井邑之農，學則游州黨之序，居則聯夫家之數，出則預閭族之書。故教之以稼穡者，所以勸農也；教之以游藝者，所以教士也。是士藏於農，而農皆可爲士。詩云：『十月穫稻，爲此春酒，日殺羔羊，躋彼公堂。』『或耕或耔，黍稷薿薿，攸戒攸止，烝我髦士。』夫公堂之躋，卽前日穫稻之夫，髦士之烝，卽平日耘耔之子，以此見井田之行，匪惟兵農不分，卽士農亦不分也。厥後漢代孝弟力田之科，卽取法於是。漢去古未遠，猶可師其遺意焉。

春秋時齊桓公圖霸，與管仲謀所以富國之道，管仲以重農之說進。觀其所著牧民、立政、八觀、治國諸篇，皆以重農勸課爲言。管子立政：水雖過度，無害於五穀，歲雖凶旱，有所秎穫，司空之事也。相高下，視肥墝，觀地宜，明詔期

前後，農夫以時均脩焉，使五穀桑麻，皆安其處，由田之事也。行鄉里，視宮室，觀樹藝，簡六畜，以時均脩焉，勸勉百姓，使力作無偷，懷樂家室，重去鄉里，鄉師之事也。管子又謂：春出原農事之不本者謂之游。而當時楚箴有「民生在勤，勤則不匱」之語，蓋所以爲農勸也。當時學者多倡農本主義之言論，荀子之富國篇，韓非子之亡徵篇，商君之農戰墾令各篇皆斑斑可攷者。而亢倉子之農道篇，命意尤顯，其言有曰：

「古先聖王之所以理人者，先務農業。農業非徒爲地利也，貴行其志也。古先聖王之所以茂耕織者，以爲本教也；是以天子躬率諸侯耕籍田，大夫士第有功級，勸人尊地產也；后妃率嬪御蠶於郊桑公田，勸人力婦教也。男子不織而衣，婦人不耕而食，男女貿功，資相爲業，此聖王之制也。故敬時愛日，埒實課功，非老不休，非疾不息，一人勸之十人食之，當時之務，不興土功，不料師旅，男不出御，女不外嫁，以妨農也。」

至勸農之載於詩者：

「靈雨既零，命彼倌人，星言夙駕，說於桑田。」——詩鄘風

言方春時雨既降而農桑之務作，文公於是命主駕者晨起駕車，亟往而勞勸之，具徵時君勸農之苦心。其後魏文侯時，李悝作盡地力之教，以爲：「地方百里，提封九萬頃，除山澤邑居參分去一，爲田六百萬畝，治田勤謹，則畝益三升，不勤則損亦如之，地方百里之增減，輒爲粟一百八十萬石矣。」此類盡地力之教，方今實施農業推廣

以求生產增益者，固無二致也。當時勸農制度見於傳載者，有如左列：

穀梁傳——「私田稼不善，則非吏。」（吏指田畯，言吏急民，使不得營私田，私田稼不善，則責田畯，蓋恤農也。）

左傳——「九扈爲九農正。」（扈有九種：春扈鳻鶞，夏扈竊元，秋扈竊藍，冬扈竊黃，棘扈竊丹，行扈唶唶，宵扈嘖嘖，桑扈竊脂，老扈鷃鷃，以九扈爲九農之號，各隨其宜，以敎民事。又按春扈鳻鶞相王士之宜，趣民耕種；夏扈竊元，趣民耘苗；秋扈竊藍，趣民收斂；冬扈竊黃，趣民蓋藏；棘扈竊丹，爲果驅鳥；行扈唶唶，晝爲民驅鳥；宵扈嘖嘖，夜爲農驅獸；桑扈竊脂，爲蠶驅雀；老扈鷃鷃，趣民收麥，令不得晏起。謂以扈爲官，還令依此諸扈而勸作也。）

韓詩外傳——「召伯出就蒸庶於阡陌隴畝之間，而聽斷焉。廬於樹下，百姓大悅。耕桑者倍力以勸，於是歲大稔，民給家足。」

及後秦孝公用商鞅，益務耕戰，廢井田，開阡陌，任其所耕，不限多寡。是寓勸於督，人民脅於嚴法重典，不得不勤於墾殖，秦之富強，歸功於是焉。

第三章　兩漢及晉魏六朝之勸農

漢興接秦之弊民失作業，而大饑饉。高祖輕徭薄賦，與民休息。惠帝四年正月，舉民孝弟力田者，復其身。高后元年二月，初置孝弟力田二千石者一人。所以置此官而尊其秩者，蓋欲以勸厲天下，令各敦行本務也。用是孝惠高后之間，衣食滋殖。

文帝即位，躬修節儉，乂安百姓，而民猶背本趨末。賈誼以積貯說進，乃開籍田，躬耕以勸天下。二年，賜天下民今年田租之半。詔曰：

「夫農、天下之本也。其開籍田，朕親率耕，以給宗廟粢盛。」

九月又詔曰：

「農、天下之大本也，民所恃以生也。而民或不務本而事末，故生不遂。朕憂其然，故今茲親率羣臣農以勸之。」

又詔皇后親桑，爲天下先。十二年，詔賜農民租稅之半以勸農；置三老孝弟力田常員。三月詔曰：

「道民之路，在於務本。朕親率天下農，十年於今，而野不加辟，歲一不登，民有饑色，是從事焉尚寡，而吏未加務也。吾詔書數下，歲勸民種樹，而功未興，是吏奉吾詔不勤，而勸民不明也。且吾農民甚苦，而吏莫之省，將何以勸焉？其賜農民今年租稅之半。」

十三年，詔具親耕親桑禮儀；除田租稅以勸農；賜天下孤寡布絮帛。

景帝元年，以歲不登，詔民欲徙廣大地者聽。正月詔曰：

「間者歲比不登，民多乏食，夭絕天年，朕甚痛之。郡國或磽陿，無所農桑毄畜，或地饒廣，薦草莽，水泉利，而不得徙，其議民欲徙寬大地者聽之。」

後二年，詔天下務農蠶，二千石不事官職耗亂者罪之。四月詔曰：

「雕文刻鏤，傷農事者也；錦繡纂組，害女紅者也。農事傷，則飢之本也；女紅害，則寒之原也。夫飢寒並至，而能亡爲非者寡矣！朕親耕，后親桑，以奉宗廟粢盛祭服，爲天下先。不受獻，減大官，省繇賦，欲天下務農蠶，素有蓄積，以備災害。彊毋攘弱，衆毋暴寡，老耆以壽終，幼孤得遂長。今歲或不登，民食頗寡，其咎安在？或詐僞爲吏，吏以貨賂爲市，漁奪百姓，侵牟萬民。縣丞，長吏也，奸法與盜盜，甚無謂也。其令二千石各修其職，不事官職耗亂者，丞相以聞，請其罪。布告天下，使明知朕意。」

三年，詔郡國務勸農桑。正月詔曰：

『農、天下之本也。黃金珠玉，饑不可食，寒不可衣，以爲幣用，不識其終始。閒歲或不登，意爲末者衆，農民寡也。其令郡國務勸農桑，益種樹，可得衣食物，吏發民若取庸采黃金珠玉者，坐臧爲盜，二千石聽者與同罪。』

武帝元狩三年，遣謁者勸種宿麥，舉吏人能假貸貧人者以名聞。元鼎六年，詔令吏民勉農盡地利。元封六年，崔不意爲魚澤尉，教力田以勤效得穀，因立爲縣名。征和四年三月，帝耕於鉅定，始行代田法。武帝之初，七十年間，國家無事，人給家足。迄後外事四夷，內興功利，役費並興，而民去本。於是董仲舒說上，請重麥禾，以關中俗不好種麥，有：『願陛下幸詔大司農，使關中民益種宿麥，令毋後時』之言。仲舒死後，功費愈甚，天下虛耗，人復相食。武帝末年，悔征伐之事，迺封丞相爲富民侯。詔書有曰：『方今之務，在於力農。』征和四年夏六月，以趙過爲搜粟都尉。過使教田太常三輔，太農置工巧奴與從事，爲作田器。二千石遣令長三力老田，及里父老善田者，受田器，學耕種養苗狀。民或苦少牛，無以趨澤，故平都令光教過以人輓犂。過奏光以爲丞，教民相與庸輓犂，率多人者，田日三十畝，少者十三畝，以故田多墾闢。

昭帝始元六年正月，上耕於上林。元鳳四年，遣司馬一人，吏士四十人，屯田積穀於伊循。循西域鄯善王之請也。元平元年，詔減口賦錢什三，以勸農桑。是時流民稍還，田野益闢，頗有蓄積。自此貸種假租之詔，閒歲輒下，民沐其庥焉。

宣帝本始四年，減樂人使歸就農業。丞相以下，上書入穀，輸長安，助貸農民。正月詔曰：

『蓋聞農者興德之本也今歲不登，已遣使者振貸困乏。其令太官損膳省宰樂府減樂人，使歸就農業。丞相以下至都官令丞上書入穀，輸長安倉助貸貧民。民以車船載穀入關者，得毋用傳。』

地節元年三月，假郡國貧民田。五鳳四年正月，以耿壽昌之奏請設常平倉以利農民便之。詔賜壽昌爵關內侯，而蔡癸以好農使勸郡國至大官。終宣帝之世，百姓安土，歲數豐穰，此固勸農之效，而吏多選賢，亦歸功於是焉。

元帝亦眷眷於勞農勸民。初元三年六月，詔罷甘泉建章宮衞，令就農。永光元年三月，令天下務農畝，無田者，皆假之貸種食。詔曰：

『五帝三王，任賢使能，以登至平，而今不治者，豈斯民異哉？咎在朕之不明，亡以知賢也。是故壬人在位，而吉士雍蔽；重以周秦之弊，民漸薄俗，去禮義，觸刑法，豈不哀哉？繇由觀之，元元何辜？其赦天下，令厲精自新，各務農畝，無田者，皆假之貸種食。』

建昭五年三月，詔申飭以小罪徵召妨農桑者，蓋方春正勞農戮力自盡之際，不忍以不急之務，以妨百姓，或致後時也。

成帝陽朔四年正月，詔二千石勉勸農桑。詔書有謂：

「夫洪範八政，以食爲首，斯誠家給刑錯之本也。先帝卲農，薄其租稅，寵其強力，令與孝弟同科。閒者民彌惰怠，鄉本者少，趨末者衆，將何以矯之？方東作時，其命二千石勉勸農桑，出入阡陌，致勞來之。書不云乎？「服田力嗇，乃亦有秋。」其勖之哉！」

平帝元始元年六月，置大司農丞十三人，人部一州，以勸農桑。初、秦置治粟內史，漢景帝更名大農令，武帝太初元年更名大司農。後復有搜粟都尉之置。然軍官不常置，農都尉實始於武帝。至平帝置大司農丞十三人，分部各州，農官之額，始寖多焉。至於官吏之攷成黜陟，按漢書食貨志所載：三考黜陟，進業曰登，再登曰平，三登曰泰平，是皆有關於勞來勸課之績焉。

勸農之法，春令民畢出在壄，冬則畢入於邑。春將出民，里胥（卽里吏）平旦坐於右塾（門側之堂曰塾），鄰長坐於左塾，畢出然後歸，夕亦如之。里胥鄰長坐於門側者，蓋奉功令以事督勸，知其早晏，防怠惰也。

世祖中興，更亂離之後，海內人民可得而數。帝生長民間，見百姓稼穡艱難，諳所疾苦。建武六年，詔二千石勉加撫循，無令失職。光武帝中元二年二月，明帝卽位。十二月詔有司務順時氣，毋煩擾耕桑。永平二年三月，皇后親蠶。三年詔有司勸督農桑。正月詔曰：

「夫春者，歲之始也。始得其正，則三時有成。比者水旱不節，邊人食寡，政失於上，人受其咎。有司其勉順時氣，勸督農桑，去其螟螣以及蝥賊，詳刑愼罰，明察單辭，夙夜匪懈，以稱朕意。』十年，詔百姓勉務桑稼，有『百姓勉務桑稼，以備災害，吏敬厥職，無令愆墜』之語。十三年二月，帝耕藉田。十五年二月，帝耕於下邳。□□年，詔區種增加失實者，與奪田同罪。

章帝建初元年，卽以方春冬作，下宏致勞來勉務農桑之詔。其後改元元和，復詔令郡國，募民欲徙他界就肥饒者，恣聽所在，給公田，爲雇耕傭，賃種餉，貰與田器，勿收租五歲，除算三年，其後欲還本鄉者勿禁。二年二月，東巡狩耕於定陶，詔曰：『三老、尊年也；孝弟、淑行也；力田、勤勞也；國家甚休之。其賜帛人一匹，勉率農功。』已而北巡魏郡，詔肥田未墾者，悉賦貧民，給糧種，盡地利焉。迄孝和以後，如匱乏不能自農者，貸之糧種；貧民無以耕者，給雇牛値，猶屢申飭。獻帝建安初，設監鹽官，以鹽直市牛，給民耕種。故兩漢不失富庶，俗多近古，勸農之效，於斯見焉。

後漢制，以正月帝祭先農，率公卿親耕。禮儀志載：立春之日，夜漏未盡五刻，郡國縣道官下至斗食令史，皆服靑幘，立春幡，施土牛耕人於門外，以示兆民。正月令日，郡國守相，勸民始耕。至於官制，按百官志載：凡郡國以春行所主縣，勸民農桑，救乏絕。邊郡置農都尉，主屯田殖穀。

漢自高祖以次，多重農抑商。帝后耕藉親蠶，爲天下倡。立孝弟力田之賞，累下重農之詔，令二千石勉勸農桑，出入阡陌勞徠之，旣皆如前述矣。而牧令以勸農稱循吏者，蓋數數覯。士庶人亦有從事勸課者，化民成俗，固有自來矣。茲擇兩漢牧令士庶勸農之昭著者，示一斑焉。

何武——武爲刺史行部，入傳舍出記問墾田頃畝，五穀美惡已，迺見二千石，以爲常。

黃霸——霸爲潁川太守，務耕桑種樹畜養，米鹽靡密，初若煩碎，霸精力能推行之。

龔遂——遂守渤海，勸民務農桑，令口種一楡樹，百本䪥，五十本葱，一畦韭，家二母彘，五母雞。春夏令趨田，秋冬課收斂，蓋畜果實菱芡，勞來循行，郡中皆有畜積，吏民皆富實。

召信臣——信臣爲南陽太守，好爲民興利，務在富之。躬勸耕農，出入阡陌，止舍鄉亭，稀有安居。行視郡中水泉，開通溝瀆，以廣灌溉，民得其利，畜積有餘。

杜詩——詩爲南陽太守，善於計略，作造水排，鑄爲農器，用力少而見功多，百姓便之。又修治陂池，廣拓田畝。

王丹——丹家居好施與，周人之急。每歲時察其強力多收者，輒歷帶酒殽，從而勞之，使於田畝樹下，飲食勸勉，留其餘而去。其惰者獨不見勞，各自恥不能致，丹後無不力耕者，聚落以致殷富。

卓茂——茂遷密令。天下大蝗，獨不入密縣界。督郵言之太守，不信，自出案行，見乃服焉。是時王莽秉政，置大司農六部丞，勸課農桑，遷茂爲京部丞，密人老少皆流涕隨送。

劉寬——延熹八年，寬徵拜尚書令，遷南陽太守，典歷三郡。每行縣，止息亭傳，見父老慰以農里之言。

張堪——堪拜漁陽太守，開稻田八千餘頃，勸民耕種，以致殷富。百姓歌曰：『桑無附枝，麥穗兩歧，張君爲政，樂不可支。』

秦彭——建初元年，彭遷山陽太守，興起稻田數十頃。每於農月，親度頃畝，分別肥瘠，差爲三品，各立文簿，藏之鄉縣，於是姦吏跼蹐，無所容詐。

漢自董卓之亂，天下亂離，民失農業。魏武既破黃巾，欲經略四方，而苦軍實不足，募民屯田許下，教耕作，於是諸郡國列置田官，數年之中，所在積粟，倉廩皆滿。建安十九年二十一年，魏公兩耕籍田。文帝黃初中，以顏斐爲京兆太守，課民造車畜牛以力田，始者皆以爲煩，一二年中，編戶皆有車牛，於田役省贍，京兆遂以豐沃。黃初七年命中宮蠶於北郊。

明帝□年，徐邈爲涼州，土地少雨，常發乏穀，乃廣開水田，募貧民佃之，家家豐足。其後皇甫隆爲敦煌太守，敦煌俗不使耬犂，及不知用水，人牛功力既費，而收穀更少。隆到，乃教作耬犂，又教使溉灌，歲終率計，所省庸力過半，得穀加五。西方以豐。當時大司農司馬芝奏請禁諸吏民末作，專務農事，明帝從之。而帝於太和元年五年，兩耕於籍田。

吳大帝黃武五年，陸遜以所在少穀，表令請將增廣農畝。權報曰：『甚善。今孤父子親自受田，車中八牛，以爲四耦，雖未及古人，亦欲與衆均等其勞也。』赤烏三年，詔督軍郡守謹察當農桑時，擾民者聞奏。詔書有曰：

『……頃者以來，民多征役，歲又水旱，年穀有損，而吏不良，侵奪民時，以致饑困。自今以來，督軍郡守，其謹察非法，當農桑時，以役事擾民者，舉正以聞。』

景帝永安二年，詔諸卿尚書，共咨度農桑。

當孫皓時，倉廩無儲，華覈上務農疏，切中時弊，不圖千百年後之今日，其情況幾無軒輊，是亦可以移諫現代之當局者矣！華疏：

『先王治國，唯農是務。軍興以來，已向百載，農人廢南畝之務，女工停機杼之業。推此揆之，則蔬食而長饑，薄衣而履冰者，固不少矣。且饑者不待美饌，寒者不俟狐貉。今事多而役繁，民貧而俗奢，百工作無用之器，婦人爲綺靡之飾，不勤麻枲；並繡文黼黻，轉相倣效，恥獨無有。兵民之家，猶復逐俗，內無擔石之儲，而出有綾綺之服。至於富賈商販之家，重以金銀，奢恣尤甚。夫天下未平，百姓不贍，宜一生民之原，豐穀帛之業，而乃棄功於浮華之巧，妨日於奢靡之事，上無尊卑等級之差，下有耗財費力之損。漢之文景，承平繼統，四方無虞，猶以彫文之傷農事，錦繡之害女工，開富國之利，杜饑寒之本。況今六合分爭，豺狼充路，兵不離疆，甲不解帶，而可不廣生財之

原，充府藏之積哉？』——三國吳志華覈傳

後主建興二年春，務農殖穀，閉關息民。

至若臣下官司之勸課者，有如左列：

國淵——魏太祖欲廣置屯田，使淵典其事。淵屢陳益，相土處民，計民置吏，明勸課之法。五年中，倉廩豐實，競勸樂業。

梁習——建安十八年，習表置屯田都尉，領客六百夫，於道次耕種菽粟。

任峻——太祖以峻爲典農中郎將，數年中，所在積粟，倉廩皆滿。

蘇則——則爲金城太守，親自教民耕種，歲大豐收。

杜畿——畿拜河東太守，課民畜牸牛草馬，下逮雞豚犬豕，皆有章程。百姓勸農，家家豐實。

倉慈——太祖開募屯田於淮南，以慈爲綏集都尉，遷燉煌太守，抑挫權右，撫恤孤貧，甚得其理。大族田地有餘，而小民無立錐之土，慈皆隨口割賦，稍稍使復其本。

王昶——昶爲洛陽典農，時都畿樹木成林，昶斫開荒萊，勸勸百姓，墾田特多。

他若周訪在襄陽，則務農訓卒；劉弘督荊州，則勸課農桑；而桓宣之鎮襄陽，或載耞耒於軺軒，或親耘穫於隴畝；王畯之鎮關中也，勸課與士卒分役，寮佐及兵將計畝，各昭其治績焉。

晉初江南未平，朝廷勵精於稼穡，躬耕籍田，以爲天下倡。武帝泰始二年，以穀賤傷農，詔議平糴以勸農。詔曰：

『百姓年豐則用奢，凶荒則窮匱，是相報之理也。故古人權量國用，取贏散滯，有輕重平糴之法，理財鈞施，惠而不費，政之善者也。今者省徭務本，幷力墾殖，欲令農功益登，耕者益勸，而猶或騰踴，至於農人並傷。今宜通糴以充儉，法主者平議，具爲條制。』

然事竟未行。四年，詔郡縣吏勸農，立常平倉。詔曰：

『使四海之內，棄末反本，競農務功，能宣奉朕意，令百姓勸事樂業者，其唯郡縣長吏乎？先之勞之，在於不倦，每念其經營職事，亦爲勤矣！其以中左典牧種草馬，賜縣令長相及郡國丞各一匹。』

五年，詔以司隸校尉石鑒所上汲郡太守王宏，勤恤百姓，導化有方，督勸開荒五千餘頃，遇年普饑，而郡界獨無匱乏，可謂能以勸教，時同功異者矣，其賜穀千斛。復敕戒郡國計吏諸郡國守相令長，務盡地力，禁游食商販。八年，帝耕籍田。司徒石苞奏州郡農桑宜增掾屬令吏有所循行，帝從之。又請州郡以農桑爲殿最，詔苞督察勸課之。苞既明於勸課，百姓乂安。

元帝爲晉王，課督農功二千石長吏，以入穀多少爲殿最。其非宿衛要任，皆宜赴農。使軍各自佃作，即以爲廩。

又詔督令先秋種麥：

『徐揚二州土宜三麥，可督令熯地投秋下種，至夏而熟，繼新故之交，於以周濟，所益甚大。昔漢遣輕車使者氾勝之督三輔種麥，而關中遂穰，勿令後晚。』

太興二年，三吳大饑，死者以百數，百官各上封事，後軍將軍應詹請壽春設鎮，招集流散，勸課農功。其後齊王攸，束皙，均上議勸農。

齊王攸——『臣聞先王之教，莫不先正其本。務農重本，國之大綱。當今方隅清穆，武夫釋甲，廣分休假，以就農業；然守相不能勤心恤公以盡地利。昔漢宣嘆曰：「與朕理天下者，惟良二千石乎？」勸加賞罰，黜陟幽明，於時翕然，用多名守。計今地有餘羨，而不農者衆，加附業之人，復有虛假，通天下之謀，則饑者必不少矣。今宜嚴敕州郡，檢諸虛詐害農之事，督實南畝，上下同奉所務，則天下之穀可復古政，豈患於暫一水旱，便憂饑餒哉？』

——晉書食貨志齊王攸傳

束皙——『農穰可致，所由者三：一曰天時不愆；二曰地利無失；三曰人力咸用。若必春無霢霂之潤，秋繁滂沱之患，水旱失中，雩禜有請，雖使羲和平秩，后稷親農，理疆畛於原隰，勤藨蔉於中田，猶不足以致倉庾盈億之積也。然地力可以計生，人力可以課致，詔書之旨，亦將欲盡此理乎？今天下千城，人多游食，廢業占空，無田課之資，較計九州，數過萬計。可申嚴此防，令監司精察，一人失課，負及郡縣，此人力之可致也。又州司十郡，土狹人繁，三魏尤甚；而豬羊馬牧，布其境內，宜悉破廢，以供無業。業少之人，雖頗割徙，在者猶多。或謂北土不宜畜牧，此誠不然。案古今之語，以爲馬之所生，實在冀北，大賈牂羊，取之清渤，放豕之歌，起於鉅鹿，是其效也。可悉徙諸牧以充其地，使馬牛豬羊齕草於空閑之田，游食之人，受業於賦給之賜，此地利之可制者也。又如汲郡之吳澤，良田數千頃，泞水停洿，人不墾殖。聞其國人皆謂通泄之功，不足爲難，瀉鹵成原，其利甚重。而豪強大族，惜其魚捕之饒，搆說官長，終於不破，此亦谷口之謠，載在史篇，謂宜復下郡縣，以詳當今之計。荊揚兗豫，汙泥之土，渠塢之宜，必多此類，最是不待天時而豐年可獲者也。以其雲雨生於畚鍤，多稌生於決泄，不必望朝隮而黃潦臻，禁山川而霖雨息，是故兩周爭東西之流，史起惜漳渠之浸，明地利之重也。宜詔四洲刺史，使謹按以聞。——晉書束晳傳

明帝太甯□年，天下凋弊，國用不足，詔公卿以下詣都，坐論時政之所先。溫嶠因奏軍國要務，其第二事則爲置田曹掾勸課農桑，有云：

「一夫不耕，必有受其饑者。今不耕之夫，動有萬計。春廢勸課之制，冬峻出租之令，下未見施，惟賦是聞。賦不可以已，當思令百姓有以殷實。司徒置田曹掾，州一人，勸課農桑，察吏能否，今宜依舊置之。必得清恪奉公，足

以宣示惠化者，則所益實弘矣。』——晉書溫嶠傳

當義熙七年，劉毅建議代田參軍袁豹議曰：『……司牧之官，莫或爲務，俗吏庸近，猶秉常科，依勸督之故典，迷民情之屢變；譬猶修隄以防川，忘淵丘之改易，膠柱於昔絃，忽宮商之改調，徒有攷課之條，而無毫分之益。』具徵晉代農桑之勸課，官吏已視若具文，眞諦旣喪，農功不競，讀孟子『徒法不足以自行』之句，有深慨矣！

宋文帝元嘉八年閏六月，詔勸農桑，詔曰：

『自頃農桑惰業，遊食者衆，荒萊不闢，督課無聞，一時水旱，便有罄匱，不深存務本，豐給靡因。郡守賦政方畿，縣宰親民之主，宜思奬訓，導以良規，咸使肆力，地無遺利，耕蠶樹藝，各盡其力，若有力田殊衆，歲竟條名列上。』

二十年，定耕籍儀注，詔有司盡力勸課，考覈勤惰。十二月詔曰：

『國以民爲本，民以食爲天。故一夫輟稼，飢者必及，倉廩旣實，禮節以興。自頃在所貧罄，家無宿積，政欲暫偏，則人懷愁墊，歲或不稔，而病乏比室。誠由德政弗孚，以臻斯弊；抑亦耕桑未廣，地利多遺。宰守微化導之方，萌庶忘勤分之義。永言弘濟，明發在懷。雖制令亟下，終莫懲勸，而坐望滋殖，庸可致乎？有司其班宣舊條，務盡敦課，

遊食之徒，咸令附業，考覈勤惰，行其誅賞，觀察能殿，嚴加黜陟。」

二十一年，親耕籍田，詔揚州浙江江西屬郡種麥，徐豫勸督種稻，詔曰：

「比年穀價傷損，淫亢成災，亦由播殖之宜，尚有未盡。南徐兗豫及揚州浙江江西屬郡，自今悉督種麥，以助闕乏，速運彭城下邳郡見種，委刺史貸給。徐豫土多稻田，而民間專務陸作，可符二鎮履行舊陂，相率修立，並課墾闢，使及來年。凡諸州郡，皆令盡勤地利，勸導播殖，蠶桑麻枲，各盡其方，不得但奉行公文而已。」

二十九年正月，詔諸鎮盡力農事，隨宜給種，詔書有謂：「今農事行興，務盡地利，若須田種，隨宜給之。」

孝武帝孝建元年，詔諸郡守，勸盡地利，力田善蓄者以名聞。其後廷臣周浩，上書勸農，疏曰：

「農桑者，實民之命，爲國之本。有不足則禮節不興，若重之，宜罷金錢，以穀帛爲賞罰。凡自淮以北萬匹爲市，從江以南千斛爲貨，亦不患其難也。今且聽市至千錢以還者用錢，餘皆用絹布及米，其不中度者坐之。如此，則墾田自廣，民資必繁。又田非膠水，皆播麥菽，地堪滋養，悉藝麻紵，蔭巷緣藩，必樹桑柘，列庭接宇，惟植竹栗。若此令既行，而善其事者，庶民則叙之以爵，有司亦從而加賞。今自江以南，在所皆穰，有食之處，須官興役，宜募遠近，能食五十口一年者，賞爵一級，不過千家，故近食十萬口矣。使其受食者，悉令就佃淮南，多其長帥，給其糧種，凡公私游手，悉發佐農，令隄湖盡修，原陸並起，仍量家立社，計地[illegible]閭，檢其出入，督其游惰，須待大熟，可移之復

舊。」——宋書周朗傳

大明二年，詔被水災者貸給種糧；農月停殺牛。三年，詔來歲使六宮妃嬪修親桑之禮，立蠶宮於西郊。四年春正月，車駕躬耕，皇后親桑。七年，詔勤勸課，量貸麥種。

明帝泰始三年春正月，以農役將興，太官停宰牛。五年正月，車駕躬耕籍田。

南齊武帝永明三年，詔守宰勸課農桑，正月詔曰：

「守宰親民之要，刺史案部所先，宜嚴課農桑，相土揆時，必窮地利。若耕蠶殊衆，足厲浮惰者，所在卽便列奏。其違方驕矜，佚事妨農，亦以名聞。將明賞罰，以勸勤怠。校覈殿最，歲竟考課，以申黜陟。」

其明年，躬親籍田，給農糧種，孝悌力田，詳授爵位。

鬱林王隆昌元年，詔州郡務耕殖，開地利。

明帝建武二年，詔守宰課農桑，正月詔曰：

「食爲民天，義高姬載，蠶實生本，教重軒經，前哲盛範，後王茂則，布令審端，咸必由之。朕肅扆嚴廊，思引風訓，深務八政，永鑒在勤，靜言日昃，無忘寢興。守宰親民之主，牧伯調俗之司，宜嚴課農桑，罔令游惰，揆景肆力，必躬地利，固修隄防，考校殿最；若耕蠶殊衆，具以名聞，游怠害業，卽便列奏，主者詳爲條格。』

梁武帝天監十二年，以啓蟄而耕。明年二月，輿駕親耕籍田，赦天下，孝悌力田，賜爵一級。十六年二月，親耕籍田。普通二年，詔於震方具畝，以允東作之義；又移籍田於建康北岸，築親耕臺。帝親耕畢，登此臺以觀公卿之推反。四年躬耕籍田，貸農糧種，詔書有謂：『屬覽休辰，思加獎勸，可班下遠近，廣闢良疇，公私畎畝，務盡地利。若欲附農而糧種有乏，亦加貸䘏，每使優遍。孝悌力田，賜爵一級，預耕之司，尅日勞酒。』其後疊次躬親耕籍，幾必歲行。

元帝大寶三年，下令勸農。承聖二年，詔免力田之家以勸農，二月詔曰：

『食乃民天，農爲治本，垂之千載，貽之百王，莫不敬授民時，躬耕帝籍。是以稼穡唯寶，周頌嘉其樂章，禾麥不成，魯史書其方冊。秦人有農力之科；漢氏開屯田之利。……一廛曠務，勞心日仄；一夫廢業，鳥鹵無遺。國富刑清，家給民足。其力田之身，在所蠲免，外卽宣勒，稱朕意焉。』

初，梁武帝天監九年，置勸農謁者，屬司農。梁代之司農卿，位視散騎常侍，主農功倉廩。陳因之，後因有司農，上士一人，掌三農九穀稼穡之政令，屬大司徒。

陳文帝天嘉元年三月，詔令守宰明加勸課，務急農桑，有『庶鼓腹含哺，復在茲日』之語。八月，復詔守宰親臨勸農，詔曰：

『菽粟之貴，重於珠玉。朕哀矜黔庶，念康弊俗，思俾阻飢，方存富教。麥之爲用，要切斯甚，今九秋在節，萬寶可收，其班宣遠近，並令播種。守宰親臨勸課，務使及時。其有尤貧，量給種子。』

宣帝太建元年二月，輿駕親耕籍田，明年如之。六年，出倉穀拯流民，兼充種糧，勸民隨近耕種。其後九年十一年、十三年，胥以二月耕籍。太建十四年，後主即位，詔墾闢廢田，能督課者，加以賞擢。詔曰：

『躬推爲勸，義顯前經，力農見賞，事昭往誥。斯乃國儲是資，民命攸屬，豐儉隆替，靡不由之。夫入賦自古，輸藁惟舊，沃饒貴於十金，磽确至於三易，腴瘠既異，盈縮不同，詐僞日興，簿書歲改。稻田使者，著自西京，不實峻刑，聞諸東漢。老農懼於祗應，俗吏因而侮文，輟耒成羣，游手爲伍，永言妨蠹，良可太息！今陽和在節，膏澤潤下，宜展春耨，以望秋坻。其有新闢塍畎，進墾蒿萊，廣袤勿得度量，征租悉皆停免；私業久廢，咸許占作，公田荒縱，亦隨肆勤。儻良守教耕，淳民載酒，有茲督課，議以賞擢，外可爲格，班下稱朕意焉。』

北魏初定中原，接喪亂之弊，兵革並起，民廢農業。既定中山，分徙吏民十萬餘家，以充京師，各給耕牛，計口授

田。武帝天興初制定都邑，勸課農耕，量校收入，以爲殿最。又復躬耕籍田，率先百姓。自後比歲大熟，惟以戎車不息，雖頻有年，猶未足以久贍矣。

明元帝永興三年，出宮人以配鰥民，令夫耕婦織。五年八月，置新民於大寧川，給農器，計口授田。按魏書太宗紀，泰常二年詔曰：

『今東作方興，或有貧窮失農務者，其遣使者巡行天下，省諸州，觀民風俗，問民疾苦，察守宰治行；諸有不能自申，皆因以聞。』

太武帝（世祖）太平眞君四年，詔勸課農桑，有『牧守之徒，各厲精爲治，勸課農桑，不得妄有徵發，有司彈糾，勿有所縱』等辭。正平二年，初，恭宗監國，令有牛家與無牛家種田，償以鋤功，各列家口及所勸種地畝。曾令曰：

『周書言：「任農以耕事貢九穀，任圃以樹事貢草木，……任牧以畜事貢鳥獸，任嬪以女事貢布帛，任衡以山事貢其材，任虞以澤事貢其物。」其制有司課畿內之民，使無牛家以人牛力相貿，墾殖鋤耨。其有牛家與無牛家，一人種田二十二畝，償以私鋤功七畝，如是爲差。至於小老無牛家，種田七畝，小老者，償以鋤功二畝，皆以五口下貧家爲率，各列家別口數所勸種頃畝，明立簿目。所種者於地首標題姓名，以辨播殖之功。』

農職之教修，而軍國用足矣。

其後文成帝太安元年，遣尚書穆伏眞等三十八人，巡行州郡，督察墾殖田畝、飲食衣服、閭里虛實、盜賊劫掠、貧富强劣而罰之。時牧守之官，頗爲貨利，自經督察，多改前弊，民以安業。

孝文帝（高祖）延興二年三月，車駕耕於籍田。四月，詔工商雜伎，盡聽赴農；諸州郡課民益種菜果。三年二月，詔牧守令長勤率百姓，無令失時。家有兼牛，通借無者。若不從詔，一門之內，終身不仕；守宰不督察，免所居官。太和元年，詔勸獎農桑，正月詔曰：

「今牧民者，與朕共治天下也。宜簡以徭役，先以勸獎，相其水陸，務盡地利，使農夫外布，桑婦內勤。若輕有徵發，致奪民時，以侵擅論。民有不從長教，惰於農桑者，加以罪刑。」

「去年牛疫，死傷大半。今東作既興，人須肆業，其敕在所督課田農，有牛者加勤於常歲，無牛者倍庸於餘年。一夫制田四十畝，中男二十畝，無令人有餘力，地有遺利。」——同年三月詔

五年，詔以農月，勿久留獄囚。九年十月，詔遣使者循行州郡，與牧守均給天下之田，還受以生死爲斷。勸課農桑，興富民之本。十六年二月，車駕躬臨千畝。六月，詔遣明使檢察農民勤惰。十七年二月，耕籍都南。二十年五月，詔令嚴課農桑，有楚撻惰農之語。詔曰：

「農爲政首，稷實民先，澍雨豐洽，所宜敦勵。其令畿內嚴加督課，墮業者申以楚撻，力田者具以名聞。」

七月，詔京民始業農桑爲本田稼多少課督不具以狀言。太和中，廷臣表陳時務，亦多以勸農爲言，茲錄其言足法者：

『古先哲王經國立治，積蓄九稔，謂之太平，故躬耤千畝，以勵百姓，用能衣食滋茂，禮教興行。逮於中代，亦崇斯業，入粟者與斬敵同爵，力田者與孝弟同賞，實百王之常軌，爲治之所先。今京師民庶，不田者多，游食之口，三分居二。蓋一夫不耕，或受之饑，況於今者動以萬計？頃年山東遭水，而民有餒終。今秋京師遇旱，穀價踴貴，實由農人不勸，素無儲積故也。（中略）制天下男女計口受田，宰司四時巡行，臺使歲一按檢，勤相勸課，嚴加賞罰，數年之中，必有盈贍，雖遇災凶，免於流亡矣。』——魏書韓麒麟傳

『人生天地之間，衣食爲命。食不足則饑，衣不足則寒。饑寒切體，而欲使人興行禮讓者，此猶逆坂走丸，勢不可得也。是以古之聖主，知其若此，先足其衣食，然後教化隨之。夫衣食所以足者，由於地利，盡地利所以盡者，由於勸課有方。主此教者，在乎牧守令長而已。民者冥也，智不自周，必待勸教，然後得盡其力。諸州郡縣，每至歲首，必戒敕部人，無問少長，但能操持農器者，皆令就田。墾發以時，勿失其所。及布種既訖，嘉苗須理，麥秋在野，蠶停於室。若此之時，皆宜少長悉力，男女併功，若揚湯救火，寇盜之將至。然後可使農夫不失其業，蠶婦得就其功。若游手怠惰，早歸晚出，好逸惡勞，不勤事業者，則正長牒名郡縣，守令隨事加罰，罪一勸百，此則明宰之教也。夫

百畝之田，必春耕之，夏種之，秋收之，然後冬食之。此三時者，農之要月也。若失其一時，則穀不可得而食。故先王之戒曰：「一夫不耕，天下必有受其饑者；一婦不織，天下必有受其寒者。」若此三時，不務省事，而令人廢農者，是則絕人之命，驅以就死。然單劣之戶，及無牛之家，勸令有無相通，使得兼濟。三農之隙，及陰雨之暇，又當教人種桑植果，藝其蔬菜，修其園圃，畜其雞豚，以備生生之資，以供養老之具。夫為政不欲過碎，碎則人煩；勸課亦不容太簡，簡則人怠。善為政者，必消息時宜，而適煩簡之中。故詩曰：「不剛不柔，布政優優，百祿是求。」如不能爾，則必陷於刑辟矣。』——魏書蘇綽傳

當時君臣相勵、競尚勸課，責功守令，懲獎分明，此元魏所由成太和之治也。

宣武帝景明三年，詔修耕桑，躬勸億兆。明年春正月，車駕籍田於千畝。正始元年九月，詔南北播麥種稻，有『必使地無遺利，民無餘力，比及來稔，公私俱濟』等語。

孝明帝熙平元年，詔以災旱，勸農肆力，土木作役，權皆休罷。正光三年正月，帝耕籍田。

北齊設壇行親耕親桑禮。文宣帝天保元年八月，詔諸牧民之官，專意農桑，勤心勸課，廣收天地之利。明年正月，親耕籍田。

武成帝河淸三年，定令每歲春月，各依鄉土早晚，課人農桑。自春及秋，男子十五以上，皆就田畝。桑蠶之月，婦女十五已上，皆營蠶桑。孟冬，刺史聽審邦教之優劣，定殿最之科品。有人力無牛，無人力有牛者，須令相便，皆得佃種，使地無遺利，人無游手焉。

北周制皇后親桑禮。孝閔帝元年春正月，親耕籍田。

明帝二年春正月，親耕籍田。

武帝保定元年、天和元年、二年、建德三年，皆以正月耕籍。建德四年春正月，詔刺史守令，親加勸農。詔曰：

『陽春布氣，品物資始，敬授民時，義兼敦勸。詩不云乎：「弗躬弗親，庶民弗信。」刺史守令宜親勸農，百司分番，躬自率導，事非機要，並停至秋。』

晉魏六朝，享國期淺，雖勸農政事，代不絕書，顧以兵戎疊興，民苦喪亂，以太和之治，亦不過苟安於一時，征戰妨農，可爲殷鑑矣。

第四章　隋唐兩代之勸農（五代附）

隋制祭先農蠶親耕桑之禮。煬帝大業三年，北巡狩，詔有司不得踐暴禾稼。

公孫景茂爲道州刺史，好單騎巡人家，閱視百姓產業，有修理者，於都會時，乃褒揚稱述。如有過惡，隨即訓導而不彰也。繇是人行義讓，有無均通，男子相助耕耘，婦女相從紡績，大村或數百戶如一家之務。勸課之效，如響應焉。

河清三年，定令，每歲春月，各依鄉土早晚，課入農桑。自春及秋，男二十五以上，皆布田畝。蠶桑之月，婦女十五以上，皆營蠶桑。孟冬，刺史聽審邦教之優劣，定殿最之科品。人有人力無牛，或有牛無力者，須令相便，皆得納種，使地無遺利，人無游手焉。

隋祚淺短，郅治無多，勸農之政，若斯而已。

唐興，重視農事，制皇帝享先農親籍田皇后享先蠶親蠶桑之禮。高祖武德五年，謂羣臣曰：『太平之基，在於家給人足今茲麥既大熟宜停庶務每司別留一二人守曹局，餘皆宜休暇，親事務農。流罪以下囚，罪名定者，亦放收穫。』六年六月，詔令有司勸農，詔曰：

『有隋喪亂，區宇分離，百姓凋殘，弊於兵甲，田畝荒廢，饑饉薦臻，元元無辜，墮於溝壑。朕膺圖馭極，廓清四海，安輯遺民，期於寧濟，勸農務本，蠲其力役；然而邊鄙餘官，向或未除，頃年已來，戎車屢出，所以農功不致倉廩未登，永念於茲，無忘寤寐！今風雨順節，苗稼實繁，普天之下，咸同茂盛，五十年來，未嘗有此，倉箱之積，指日可期。將爲溽暑，方資耕耨，廢而不修，歲功將闕，宜從優縱，肆力千頃，州縣牧宰，明加勸導，咸使戮力，無或失時，務從簡靜，以稱朕意。』——册府元龜

貞觀初，太宗銳意於治，耕籍親蠶，課考官吏，一以至誠行之。官司應授田而不授，應課農桑而不課者有禁。用是民物蕃息，共沐郅治。高宗卽位，耕籍東郊，有司進耒耜，琱飾之。帝曰：『耒耜，農器也，今琱飾，何以訓農？』以他耒耜耕，竟九推乃止。其後歷中宗睿宗兩朝，屢敕戒諸州郡督刺史縣令，務盡地利，禁游食，而耕籍之制，無廢弛焉。

元宗中興唐室，重視農事，開元四年詔曰：

『關中田苗今正成熟，若不收刈，便恐飄零，緣頓差科，時日尙遠，宜令倂功收拾，不得忘有科喚，致妨農業；仍令左右御史檢察奏聞。』

十二年，詔復流民，開闢所在閒田，免其賦役。夏四月，令兵部員外郞兼侍御史宇文融，兼充勸農使，巡按人邑，安撫戶口。六月壬辰詔曰：

『有國者必以人爲本，固本者必以食爲先，先王於是務其三時，前聖所以分其五土，勸農之道，實在於斯。……猶恐地有遺利，人多廢業，游食之徒未盡歸，生穀之疇未均墾，以是軫念，遣使臣恤編戶之流亡，閱大田之

衆寡。至如百姓逃散，良有所由。……其先是逋逃，並宜自首，仍能服勤壟畝，肆力耕耘，所在閒田，勸其開闢，逐土任宜收稅，勿令州縣差科征役租庸，一皆蠲放。且天下風壤，多有不同，地既異宜，俗亦殊習，固當因利制事，不可違人立法。賦役差科，于人非便者，並量事處分，續狀奏聞。務令安輯，勿使勞繁。當行賞罰之科，各竭忠公之力。所到之處，宜示百姓，達我勸人之心。』——冊府元龜

十七年詔曰：

『獻歲發生，陽和在候，乃睠甿庶，方就農桑，其力役及不急之務，一切並停。百姓閒有不穩便事，須處置者，宜令中書門下與所司喚取朝集使審問，商量奏聞。』

二十一年，復下罷免興役之詔，以勸農功。耕籍之制，間亦躬親。其明年，上自苑中種麥，率皇太子已下，躬自收穫，謂太子等曰：『此將薦宗廟，是以躬親，亦欲令汝等知稼穡之難也。』因分賜羣臣，謂曰：『比歲令人巡檢苗稼，所對多不實，故自種植，以觀其成；且春秋書麥禾，豈非古人所重也？』二十九年制曰：

『古之爲理，必順時行令，獻歲發春，仁氣育物，直叶陽和之德，以勸播種之務。天下諸州，委刺史縣令，加意勸課，仍令採訪使勾當，非灼然要切事，不得妄有追擾。其今月諸色當番人，有單貧老弱者，所司即揀擇量放營農。』

迨至天寶間，猶復屢詔有司，停不急之務，以待農閒。天寶九載詔曰：

『農爲政本食乃人天，必禾稼之及期，遂京坻之厚積。是以愛人存乎重穀，勤政在乎厚生，俗之所資，何急於此。如聞遠近，每至秋中穀禾熟時，即賣充馬藁，苟歸求利之心，諸害生成之性，靜言斯弊，實資懲革。自今以後，不得更然，牓示要路，咸使聞知。』

元宗後耽逸樂，朝政日非，勸課農桑，日趨凌替矣！

肅宗上元二年詔：

『王者設教，務農爲首。今土膏方起，田事將興，敦本勸人，實爲政要，宜令天下刺史縣令，各於所部，親勸農桑。』——正月詔

『田功在謹，農事惟勤，不有司存，何成種穀？諸州等各置司田參軍一人，主農事；每縣各置田正二人，於當縣揀明嫻田種者充，務令勸課。』——九月詔

其後寶應元年，詔建巳月，諸州刺史縣令，及司田參軍，令設法勸課，令其耕種，不得失時。貧不能濟戶，仍方員處置，量事借貸，務令存立。歲終巡案，量其功效。

代宗永泰元年，有停一切專營農事之詔。正月制曰：

『方春之首，重於東作，除軍輿至急，餘一切並停，令百姓專營農事；其逃戶復業，及浮客情願編附者，仰州縣長吏，親就存撫，特矜賦役；全不濟者，量貸種籽，務令安集。』——册府元龜

德宗貞元二年，詔務農桑；又詔給關輔耕牛。袁高奏請貧人兩三家共給一頭，從之。五年，初以二月爲中和節，詔文武百辟，進農書，獻穜稑。二十年，詔書有謂：『理化之本，係乎京師，副朕憂人，屬於長吏，宜勉務農桑，各安生業，以舒朕懷。』

初，貞元四年，宰相陸贄上疏，其三條言廉使奏吏之能者，一曰戶口增加，二曰勉野墾闢。『夫貴戶口增加，詭情以誘姦浮，苛法以析親族，則有州縣破傷之病；貴田野墾闢，率民殖荒田，限年免租，新畝雖闢，舊畬蕪矣。人以免租年滿，復爲汚萊，有稼穡不增之病。此州若損客戶，彼郡必減居人，增處邀賞而稅數加，減處懼罪而稅數不降。國家設考課之法，非欲崇聚斂也，宜命有司詳考課績，州稅有定，徭役有等，如此，不督課而人人樂耕矣。』（唐書食貨志）其後四年，關東、淮南、浙西大水，權德輿建言：『江淮田一善熟，則旁資數道，故天下大計，仰於東南。今霪雨二時，農田不闢，宜擇羣臣明識通方者，持節勞徠，問人所疾苦，蠲其租入，與連帥守長講求所宜。』

憲宗元和七年四月，詔民田畝樹桑二。詔曰：

『農桑切務，衣食所資，始聞閭里之間，蠶織猶寡，所宜勸課，以利於人。諸州道府，有田戶無桑處，每檢一畝，

令種桑兩根，勒縣令勾當。每至年終，委所在長吏檢察，量其功具殿最奏聞。兼令兩稅使同訪察其桑，仍切禁採伐，犯者委長吏重加責科。』——册府元龜

唐代末葉，勸課政事漸見衰微，其見諸載籍者，則有敬宗寶歷元年之市耕牛萬頭，分給畿內貧民；文宗太和二年，敕以『兆人本業』三卷（按兆人本業一書為則天后所删定），散配鄉間；武宗會昌二年，禁賣桑為薪者；宣宗大中二年，詔令召募貧人墾闢閒田，並令長吏課勵耕種，要皆政末以視創國時代之競競，翛然有間矣！

唐代勸農官司可徵攷者，有如左述：

唐龍朔二年，改司農為司稼，咸亨初復舊。卿一人，少卿一人，掌東耕供進耒耜及邦國倉儲之事，領上林、太倉、鉤盾、導官四署。——文獻通考

凡十道巡按，以判官二人為佐，務繁則有支使，其三察農桑不勤。

諸屯監一人，從七品下；丞一人，從八品下，掌營種屯田，句會功課，及畜產帳簿，以水旱蝝蝗定課。屯主勸率營農，督斂地課。

節度使，兼支度營田招討經略使，則有副使判官各一人，支度使復有遺運判官巡官各一人，歲以八月考其治否，觀察使以豐稔為上考。

田曹司田參軍事掌園宅口分永業及蔭田。

上州司田參軍事一人，從七品下；中州司田參軍事一人，正八品下；下州司田參軍事一人，從八品下。五千人以上有副使一人；萬人以上，有營田副使一人。

縣令掌導風化，凡民田將授，縣令給之。——以上唐書百官志

開元十有二年夏四月，令兵部員外郎兼侍御史宇文融，兼充勸農使，巡按八邑，安撫戶口。

上元二年，諸州各置司田參軍一人，主農事；每縣各置田正二人，於當縣揀明嫻田種者充，務令勸課。

寶應元年，詔建巳月，諸州刺史縣令，及司田參軍令設法勸課，令其耕種，不得失時，歲終巡案，量其功效。

——以上文獻通考

唐開府軍，以扞衝要，因隙地置營田。天下屯，總九百九十二司，農寺每屯三頃，州鎮諸軍每屯五十頃，水陸腴瘠，播殖地宜，與其功庸煩省，收率之多少，皆決於尚書省。苑內屯以善農者爲屯官、屯副。御史巡行莅輸，上地五十畝，瘠地二十畝，稻田八十畝，則給牛一。諸屯以地良薄與歲之豐凶爲三等，與民田歲穫多少以中熟爲率。有營則以兵，若夫千人助收，隸司農者，歲三月，卿少卿循行，治不法者，凡屯田收多者褒進之。歲以仲春籍來歲頃畝。州府軍鎮之遠近，上兵部，度便宜遣之。開元二十五年，詔屯官敍功，以歲豐凶爲上下，鎮戍地可耕者，人給

十畝以供糧。方春，屯官巡行，謫作不時者。——唐書食貨志

唐令，諸戶以百戶爲里，五里爲鄉，四家爲鄰，三家爲保。每里設正一人，掌按比戶口，課殖農桑。

唐考功之法，有二十七最，二十日耕耨以時收穫成課爲屯官之最。——以上文獻通考

至若唐代官吏以勸農著稱者，則有裴行儉諸人，略誌如左。

裴行儉——子倩歷信州刺史，勸民墾田二萬畝，以治行，賜紫金服。——唐書裴行儉傳

田仁會——永徽中爲平州刺史，歲旱自暴以祈，而雨大至，穀遂登。人歌曰：『父母育我兮田使君，挺精誠兮上天聞，中田致雨兮山出雲，倉廩實兮禮義申，願君常在兮不患貧。』——唐書田仁會傳

李惠登——惠登拜刺史，政清靜，居二十年，田畝闢，戶口日增，人歌舞之。節度使于頔狀其績，詔加御史大夫，升隋爲上州。——唐書李惠登傳

何易于——易于爲益昌令，縣距州四十里，刺史崔朴常乘春與賓屬汎舟出益昌，旁民挽繂，易于身引舟，朴驚問狀，易于曰：『方春，百姓耕且蠶，惟令不事，可任其勞。』朴愧，與賓客疾遣去。——唐書何易于傳

後唐明宗長興三年詔：

『富民之道，莫尚於務農，力田之資，必先於利器，器苟不利，民何以安？聞諸道監冶所賣農器，或大小異同，或形狀輕怯，纔當開闢，旋致損傷。近百姓秋稼雖登，時物頗賤，既艱難於置買，遂抵犯於條章。苟利錐刀，擅興爐冶，稍聞彰露，須議誅夷。欲使上不奪山澤之利，下皆遂畎畝之宜，務在從長，庶能經久。自今後，不計農器燒器動使諸物，並許百姓逐便自鑄。』——冊府元龜

後一年三月，帝幸龍門七里亭，農事方春，田民遍野，帝見其剗桑稼樹，枉駕勞問，親自勸課。其月，太原石敬瑭，進耒耜一具。時帝嘗巡近郊，見農民田具細弱，而犂耒尤拙，曰：『農器若此，宜其無所穫也。』因詔河東河北進農具以爲式樣，太原首有是進，降詔褒之。

天福三年六月，金部郎中張鑄奏請任民墾荒，從之。

『臣聞國家以務農是本，勸課爲先，用廣田疇，乃資倉廩。竊見所在鄉村浮戶，方思墾闢，正切耕耘，種木未滿於十年，樹穀未臻於三頃，似成產業，微有生涯，便被縣司繫名，定作鄉村色役，懼其重斂，畏以嚴刑，遂舍所居，卻思他適，親茲阻隔，何以舒蘇？既乖撫卹之門，徒有招攜之令。伏乞明示州府，應所在無主空閒荒地，一任百姓開種，候及五頃以上，三年外，即許縣司量戶科徭；如未及五頃以上者，不在騷擾之限，荒榛漸少，賦稅增多，非惟下益蒸黎，實亦上資邦國。』

後周太祖廣順元年敕勸農桑詔曰:

『農桑之務,衣食所資,一夫不耕,有艱食之慮,一婦不織,有無褐之虞。今氣正陽春,候當生發,宜勤用天之業,將勸望歲之心。諸道州府長吏宜勸課耕桑,以豐儲積,編民樂業,仍倍撫綏。』

二年,復敕諸道府州吏,重申前令,躬親勸課,詔曰:

『六府允修,無先重穀,九扈分職,厥惟勸農。今則東作聿興,西成係望,我有羣后,政在養民。苟不懈於行春,諒倍登於多稼。卿分憂事任,道俗廉平,樹以風聲,靡如草偃,必汙萊之地,並作百廛,游惰之民,咸勤四體,用洽帶牛之化,更彰棲畝之謠,養恬之懷,寤興斯切。詔到,卿可散下管內勸課鄉縣百姓,依時耕種,栽接桑棗,勿縱游惰,務在精勤。』

世宗顯德三年,留心農穡,思廣勸課之道,命國工刻木爲耕夫織婦蠶女之狀於禁中,召近臣觀之。學士承旨陶穀,爲贊以美其事,其序曰:

『耕於歷山,重華之德也;蠶於岐陽,大姒之美也。我后在宥之四載,以爲化民成俗者,莫如身率,乃命有司,刻木爲耦人耕耘之象,又爲織婦蠶女之類,置於紫庭,亦几杖盤盂座右之義也。志在足食,豈同流馬之運?人皆有褐,且殊昆明之石。同穎八蠶,可翹足而望,豈比獲玉鉤於山陽,空有採桑之號,陳金根於鉤盾,但爲弄田之戲哉！贊曰：寒耕暑織，上感皇情，帝梧景轉，遲遲欲行，宮簾風度，扎扎有聲，疲俗是念，侈心不萌。」

五代之際，賢吏之能勸農者，當推河南尹張全義，披荊棘，勸耕殖，躬載酒食勞民畎畝之間，亦足以媲美龔黃矣。至各朝之勸課政事，無甚足述，類皆享國期淺，雖有賢君如後周世宗，亦不克以重農故而綿其國祚，良以當時競務兵戰，生民多不克安樂其居業也。

第五章　宋代之勸農（遼金附）

農田之制，自五代以兵戰爲務，條章多闕。周世宗始遣使均括諸州民田。太祖卽位，循用其法。建隆三年，詔郡國長吏勸民播種。詔書有謂：『生民在勤，所寶惟穀，先王明訓也。陽和在辰，播動資始，宜行勸誘，務廣耕耘。』翌年，命官分詣諸道均田，苛暴失實者，輒譴黜。申明周顯德（世宗年號）三年勸課農桑之令，課民種樹，定民籍爲五等：第一等種雜樹百，每等減二十爲差，梨棗半之，男女十歲以上種韭一畦，闊一步，長十步。乏井者，鄰伍爲鑿之。令佐春秋巡視，書其數，秩滿，第其課爲殿最。又詔所在長吏，諭民有能廣植桑棗墾闢荒田者，止納舊租。令佐能招徠勸課，致戶田增羨，野無曠土者議賞。諸州各隨風土所宜，量地廣狹，土壤瘠埆，不宜種藝者，不須責課。遇豐稔，則諭民謹藏，節費用，以備不虞。民伐桑棗爲薪者罪之。乾德三年，重申勸農之詔，有云『農爲政本，食乃民天，今土膏將起，宜課束作之勤，使地無遺利，人有餘糧。』

初、開基之頃，分命朝臣出守列郡，號權知軍州事，軍謂兵，州謂民政焉。其後文武官，參爲知州軍事，二品以上，及帶中書樞密院宣徽使職事，稱判。太守掌總理郡政，宣布教條，歲時勸課農桑，旌別孝悌。建隆元年，應天下諸縣，除赤畿外，有望緊上中下，掌總治民政，勸課農桑。開國創業之主，必兢兢於務本勸農，明其賞罰，制爲條章，殆鑒於前代興亡成敗之跡，有不得不出於生聚教養之勢者歟？太祖重農勸課之所爲，要足爲綿永國祚之胚基矣。

太宗太平興國三年四月，幸城南觀麥。七年，詔擇明樹藝者爲農師；閏月辛亥，詔諸州設置，以爲農督。九年五月，車駕出南薰門觀稼，召從臣列坐田中，令民刈麥，咸賜以錢帛。雍熙二年五月，上幸城南觀麥，賜田夫布帛有差，謂近臣曰：『耕耘之夫，最可矜憫。』雍熙九年五月，以農師農督制煩擾，能廢之。其制：就兩京諸路，許民共推練土地之宜，明樹藝之法者一人，縣補爲農師，令相視田畝肥瘠及五種所宜，某家有種，某戶有丁男，某人有耕牛，即同鄉三老里胥召集餘夫，分畫曠土，勸令種蒔，候歲熟，共取其利。爲農師者蠲稅免役。民有飲博怠於農務者，農師謹察之，白州縣論罪，以警遊惰。所墾田即爲永業，官不取其租。

雍熙四年九月，出御札曰：

『王者上事穹蒼，下臨黎獻，遵執古御今之道，推子民育物之心，必務穡以勸分，庶家給而人足。朕嗣守大寶，惟懷永圖發一言必念生靈，嘗一膳必思稼穡。雖燔柴告類，紫壇屢薦於至誠；而執耒親耕，靑輅未行於盛禮。其以來年正月擇日，有事於東郊，行籍田之禮。』——玉海

其後復於端拱元年耕籍勸農；詔令江南、兩浙、荆湖、嶺南、福建諸州長吏，勸民益種諸穀，北江就水種秔稻。

淳化五年九月，遣使分行宋、亳、陳、潁、泗、壽、鄧、蔡等州，按行民田被水及種蒔不及者，並蠲其租。同時宋、亳數州牛疫，死者過半，官借錢令就江淮市牛。未至，時雨霑足，帝慮其耕稼失時，太子中允武允成獻踏犂，運以人力，即分命祕書丞直史館陳堯叟即其州依式製造給民。

至道元年詔曰：

『近歲以來，天災相繼，民多轉徙，田卒汙萊，招誘雖勤，逋逃未復，宜申勸課之旨，更示捐復之思。應州縣曠土，並許民請佃爲永業，仍蠲三歲租，三歲外，輸三分之一。州縣官吏勸民墾田之數，悉書於印紙，以俟旌賞。』

二年以太常博士陳靖爲京西勸農使，按行陳、許、蔡、潁、襄、鄧、唐、汝等州，勸民墾田，以大理寺丞皇甫選、光祿寺丞何亮副之。初，陳靖上言：

『先王之欲厚民生，莫先於積穀而務農，鹽鐵榷酤，斯爲末矣。按天下土田，除江淮、湖湘、兩浙、隴蜀、河東諸路，地里夐遠，雖加勸督，未遽獲利。今京畿周環二十三州，幅員數千里，地之墾者，十才二三，稅之入者，又十無五

六；復有匿里舍而稱逃亡，棄耕農而事游惰。賦額歲減，國用不充，詔書累下，許民復業，蠲其租調，寬以歲時。然鄉縣擾之，每一戶歸業，則刺報所由，朝耕尺寸之田，暮入差徭之籍，追胥責問，繼踵而來。雖蒙蠲其常租，實無補於捐瘠。況民之流徙，始由貧困，或避私債，或逃公稅。亦既亡遯，則鄉里檢其資財，至於室廬什器，桑棗材木，咸計其直。或鄉官用以輸稅，或債主取以償逋。生計蕩然，還無所詣；以茲浮蕩，絕意歸耕。如授以閒曠之田，廣募游惰，誘之耕墾，未計賦租，許令別置版圖，便宜從事。酌民力之豐寡，農畝肥磽，均配督課，令其不倦。其逃民歸業，丁口授田，煩碎之事，並取大司農裁決。耕桑之外，令益種雜木蔬果，孳畜羊犬雞豚，給授桑土，潛擬井田，營造室居，使立保伍。養生送死之具，慶弔問遺之資，並立條制。候至三五年間，生計成立，卽計戶定徵，量田輸稅。若民力不足，官借糴錢，或以市餱糧，或以營耕具，凡此給授，委於司農，比及秋成，乃令償值，依時價折納，以其成數，關自戶部。』

——宋史食貨志

勸農使之命既下，選亮上言：『功難成，願罷其事。』帝志在勉農，猶詔靖經度；既而靖欲假緡錢二萬試行之，陳靖等言：『錢一出後不能償，則民受害矣。』帝以羣議終不同，始罷之。

至道三年，眞宗卽位。十二月，詔諸路轉運使申飭令長勸農。景德三年，詔祀先蠶，依先農例。頒農田敕於天下。詔渭州鎮戎軍收獲番部牛，送給內地耕民。丁謂等又取唐開元中宇文融請置勸農判田檢戶口，田土僞濫，且慮別置官煩擾，而諸州長吏除當勸農；乃請少卿監爲刺史，閤門使以上知州者，並兼管內勸農事，諸路轉運使副兼本路勸農使，詔可。

大中祥符元年，詔東封道路軍馬，毋犯民稼。二年，詔頒農器圖。五年，頒占城稻種三萬斛，分給三路（江淮兩浙）爲種，擇民田高仰者蒔之，蓋旱稻也。內出種法，命轉運使揭榜示民。八月，淮南旱，詔減運河水灌民田，仍寬租限，州縣不能存恤，致民流者，罪之。明年七月，詔天下勿稅農器。八年七月，以牛疫免牛稅；詔貸貧民麥種。

天禧元年八月，詔京城禁圍草地，聽民耕牧；又免牛稅一年。十月，諭諸州非時災沴，不以聞者論罪。四年，詔諸路提點刑獄朝臣爲勸農使，使臣爲副使，所至取民籍，視其差等，不如式者懲革之。勸恤農民，以時耕墾，招集逃散，檢括稻稅。凡農田事悉領焉。置局案，鑄印給之。凡奏舉親民之官，悉令條析勸農之績，以爲殿最黜陟。詔館閣校勘四時纂要、齊民要術二書，鏤本摹賜；又出繪龍封鵝祈禳祕法，令長吏遵行。同年九月，分遣近臣張知白、晁迥、樂黃目等，各舉常參官，諸路轉運及勸農使。

眞宗朝之農政官司，按文獻通考載：『初置諸路提點刑獄公事，以朝臣充，始命屯田李拱爲之副，以武臣閤門祇候以上充。天禧四年，加勸農使，俄改提點刑獄勸農使，又以武臣爲副使。天聖嘉祐中罷。熙寧十年，復置勸課農桑。』終眞宗之世，勸農之道，可謂粗備矣。

逮仁宗朝，以帝之約己愛人，復能教農節儉也，乾興元年，迺頒謹蓋藏無妄費之詔。天聖四年，中書言諸路提轉皆別置勸農使，文移煩擾，三月詔罷勸農司，而領使如故。六年，詔民流積十年者田聽人耕，三年後，收減舊額之半，流民能自復者亦如之。諸州長吏能勸民修陂墾荒增稅二十萬以上者議賞。明道二年，祀先農，耕籍田，躬訓農事。景祐二年，詔募民耕墾荒田，州縣毋追擾，以妨農事。十二月，詔長吏能導民修水利闢荒田者賞之。慶歷三年，詔輔臣兼領農田使。四年，命參政賈昌朝領天下農田。皇祐元年，詔以緡錢二十萬市穀種，分給河北貧民。四年春正月，詔諸路貧民種；三月，蠲江南路民所貸種數十萬斛。

英宗治平元年，以唐守趙尙寬能勸課，增秩再任，以勵天下守令。

治平四年，神宗卽位，敕州縣吏勸農。熙寧二年，分遣諸路常平官使，專領農田水利事，應吏民能知土地種植之法，陂塘圩埠堤堰溝洫之利害者，皆得自言，行之有效，隨大小酬賞。民增種桑柘者，毋得加賦。七年，以時雨降，勸民趨耕。元豐元年，詔開廢田水利，民力不能給役者，貸以常平錢穀。流民買耕牛者免征。

當神宗朝，王安石爲相，倡行新法，青苗保甲等制。其本旨未嘗不爲農利也，顧以佐治失人，異黨諸賢，交相爲難，終至政因人敗，不爲世容，觀司馬光代農呼籲之疏，藉可知當世之論矣。疏曰：

『四民之中，惟農最苦，寒耕熱耘，霑體塗足，戴日而作，戴星而息；蠶婦治繭，績麻紡緯，縷縷而積之，寸寸而成之，其勤極矣。而又水旱霜雹蝗蟊，間爲之災。幸而收成，則公私之債，交爭互奪，穀未離場，帛未下機，已非己有。所食者糠籺而不足，所衣者綈褐而不完，直以世服田畝，不知捨此之外，有何可生之路耳！而況聚斂之臣，於租稅之外，巧取百端，以邀功賞。靑苗則強散重斂，給陳納新；免役則刻剝窮民，收養浮食；保甲則困於無益之費，可不念哉？今者濬發德音，使畎畝之民，得上封事，雖其言鄙雜，皆身受實患，直貢其誠，不可忽也。』——宋史食貨志

當王氏執政之際，嘗分遣諸路常平官，使專領農田水利，吏民能知土地種植之法，無殊今之農事試驗場，而陂塘圩埠堤堰溝洫之利害，皆得自言，行之有效，隨功利大小酬賞。故自熙寧三年至九年，府界及諸路所興修水利田，凡一萬七百九十三處，爲田三十六萬一千一百一十八頃，其驚人數字，亦足爲史家所稱道矣。

徽宗崇寧□年，廣南東路轉運判官王覺，開荒田萬頃，詔遷一官；其能課民種桑棗者增秩。政和元年，詔監司督州縣長吏勸民增植桑柘，課其多寡爲賞罰。夏四月，立守令勸農黜陟法；有司議行耕籍禮，築公桑蠶室。二年，詔縣令以十二事（一曰敦本業，二曰興地方，三曰戒游手，四曰謹時候，五曰戒苟簡，六曰厚蓄積，七曰備水旱，八曰戒牽牛，九曰置農器，十曰廣栽植，十一曰恤苗戶，十二曰無妄訟）勸農，於境內躬行阡陌，程督勤惰。宣和元年正月，耕籍。三月，皇后親蠶。二年，臣僚上言：『監司守令，官帶勸農，莫副上意，欲立四證驗之：按田萊荒治之跡，較戶口登降之籍，驗米穀貴賤之價，考租賦盈虧之數，四證具則其實著矣。』命中書審定取旨。六年二月，躬耕籍田。閏三

月，皇后親蠶。

宋南渡以後，高宗建炎二年詔給流民官田牛種。紹興二年詔曰：『朕聞祖宗時，禁中有打麥殿，今於後圃，令人引水灌畦種之，亦欲知稼穡之艱難。』五年，立守令墾田殿最格。七年，詔諸路歸業民墾田及八年，始輸全稅。十一年，買牛貸淮南農戶。十五年，詔來春親載黛耜，躬三推禮。同年閏十一月，司農簿宋樸，請令守令，以歲仲春出郊勞農，遂為故事。十七年詔曰：『朕親耕籍田，以先黎庶，三推復進，勞賜耆老，嘉與世俗，躋於富厚。』十八年十二月，借給被災農民春耕費。十九年七月，頒諸農書於郡邑。十一月，立州縣墾田增虧賞罰格。二十六年，通判安豐軍王時升言：『淮南土皆膏腴，然地未盡闢，民不加多者，緣豪強虛占良田，而無徧耕之力，流民襁負而至，而無開耕之地，望凡荒閑田許人劃佃。』許之。

孝宗乾道元年，立勸淮民種桑賞格。四年，知鄂州李椿奏：

『州雖在江南，荒田甚多，請佃者開墾未幾，便起毛稅，度田追呼，不任其擾，旋即逃去。今欲召人，請敕免稅三年，三年之後為世業，三分為率，輸苗一分，更三年增一分，又三年全輸，歸業者別以荒田給之。』

六年，詔羣臣均役法，抑游手，務農蠶。七年，知揚州晁公武言：『朝廷以沿淮荒殘，未行租稅，民復業與創戶者，雖阡陌相望，然聞之官者十纔二三，咸懼後來稅重。昔晚唐民務稼穡，則增其租，故播種少，吳越民墾荒田而不加稅，故無曠土。望詔兩淮，更不加賦，庶民知勸。』復詔勸民種麥，定假貸農民廣種推賞格九年六月，戒飭監司守令勸農。淳熙六年，提舉浙西顏師魯奏：『設勸課之法，欲重農桑廣種植也。今鄉民間於己田連接閒曠磽埆之地，墾成田園，用力甚勤，或以未陳起稅，爲人所訟，即以盜耕罪之，何以勸力田哉？止宜實田起稅，非特可戢告訐之風，亦見盛世重農之意。』七年，復詔兩浙、江淮、湖南、京西廣勸民種麥。八年五月，以連雨貸貧民稻種錢。九月，詔諸州再借種糧與下戶播種；詔監司守令勸課農桑，以奉行勤怠爲賞罰。九年，著作郞袁樞振兩淮還，奏：『民占田不知其數，二稅既免，止輸穀帛之課，力不能墾，則廢爲荒地，他人請佃，則以疆界爲詞，官無稽考，是以野不加闢，戶不加多，而郡縣之計益窘。望詔州縣畫疆立劵，占田多而輸課少者，隨畝增之，其餘閑田給與佃人，庶幾流民有可耕之地，而田萊不致多荒。』十一年，詔諸州途買稻種，備農民之闕。

當是時也，臣僚中以朱熹習知農事，爲郡守日，條陳勸課諸法，並榜諭民間，體悉遵守，茲擇錄之：

『當職久處田間，習知稼事。茲忝郡寄，職在勸農。竊見本軍已是地瘠稅重，民間又不勤力耕種耘耨，鹵莽滅裂，較之他處大段不同。所以土脈疏淺，草盛苗稀，雨澤稍愆，便見荒歉。皆緣長吏勸課不勤，使之致此。深懼無以下固邦本，仰寬顧憂。今有合行勸諭下項：

一、大凡秋間收成之後，須趁冬月以前，便將戶下所有田段，一例犁翻，凍令酥脆。至正月以後，更多著徧數，節次犂耙，然後布種。自然田泥深熟，土肉肥厚，種禾易長，盛水難乾。

一、耕田之後，春間須是揀選肥好田段，多用糞壤拌和種子，種出秧苗。其造糞壤，亦須秋冬無事之時，預先剗取土面草根，曬曝燒灰，施用大糞拌和，入種子在內，然後撒種。

一、秧苗既長，便須及時趁早栽插，莫令遲緩，過卻時節。

一、禾苗既長，稈草亦生，須是放乾田水，仔細辨認，逐一拔出，踏在泥裏，以培禾根。其塍畔斜生茅草之屬，亦須節次芟削，取令淨盡，免得分耗土力，侵害田苗。將來穀實，必須繁盛堅好。

一、山原陸地，可種粟麥麻豆去處，亦須趁時竭力耕種，務盡地力，庶幾青黃未交之際，有以接續飲食，不致饑餓。

一、陂塘之利，農業之本，尤當協力興修，如有怠惰不趁時工作之人，仰衆列狀申縣，乞行懲戒。如有工作浩瀚去處，私下難以糾集，即仰經縣自陳，官為修築。如縣司不為措置，即仰經軍投陳，切待別作行遣。

一、桑麻之利，衣服所資，切須多種桑麻柘苧。婦女勤力養蠶，織紡造成布帛。其桑木每遇秋冬，即將旁生拳曲小枝，盡行斬削，務令大枝氣脈全盛，自然生葉厚大，餧蠶有力。

一、大凡農桑之務，不過前項數條，然鄉土風俗，亦自有不同去處，尚恐體訪有所未盡，更宜廣詢博訪，謹守力行。只可過於勤勞，不可失之怠惰。傳曰：「民生在勤，勤則不匱。」經曰：「惰農自安，不昏作勞，不服田畝，越其罔有黍稷。」此皆聖賢垂訓明白，凡厥庶民，切宜遵守。

右今印榜，勸諭民間，各請體悉前件事理，父兄教誨子弟，子弟遵承教誨，務敦本業，耕耘收斂，以養父母，毋或惰遊，賭博喫酒，妨廢農桑，庶幾衣食給足，禮義興行，感召和平，共躋仁壽。」

「竊惟民生之本在食，足食之本在農，此自然之理也。若夫農之爲務，用力勤，趨事速者，所得多；不用力，不及時者，所得少，此亦自然之理也。本軍田地磽埆，土肉厚處，不及三五寸。設使人戶及時用力以治農事，猶恐所收不及他處，而土風習俗，大率懶惰，耕犂種蒔，既不及時；耕耨培糞，又不盡力。陂塘灌溉之利，廢而不修，桑柘麻苧之功，忽而不務。此所以營生足食之計，大抵疏略，是以田疇愈見瘦瘠，收拾轉見稀少。加以官物重大，別無資助之術，一有水旱，必至流移，下失祖考傳付之業，上虧國家經常之賦，使民至此，則長民之吏，勸農之官，亦安得不任其責哉？當職久在田園，習知農事，到官日久，日覩斯弊，恨以符印有守，不得朝夕出入阡陌，與諸父兄，率其子弟，從事於耘鋤耒耜之間，使其婦子含哺鼓腹，無復饑凍流移之患，庶幾有以上副聖天子愛養元元，夙夜焦勞惻怛之意。昨去冬嘗印榜勸諭管內人戶，其於農畝桑蠶之業，孝弟忠信之方，詳備悉至，諒已聞知。然近以春初出按，外郊道旁之田，猶有未破土者，是父兄子弟猶未體當職之意，而不能勤力以趨時也。念以教訓未明，未忍違行笞責。今以中春舉行舊典，奉宣聖天子德意，仍以舊榜，幷星子知縣王文林種桑等法，再行印給，凡我父兄及汝子弟，其敬聽之哉！試以其說，隨事推行於朝夕之間，必有功效。當職自今以往，更當時出郊野，巡行察視，有不如教，罰亦必行。先此勸諭，各宜知悉。』

『契勘生民之本，足食爲先，是以國家務農重穀，使凡州縣守倅，皆以勸農爲職。每歲二月，載酒出郊，延見父老，喻以課督子弟，竭力耕田之意。蓋欲吾民衣食足而知榮辱，倉廩實而知禮節，以共趨於富庶仁壽之域，德至渥也。當職幸來此承攝，敢墜彝章，今有勸諭事件，開具如後：

一、今來春氣已中，土膏脈起，正是耕農時節，不可遲緩。仰諸父老教訓子弟，遞相勸率，浸種下秧，深耕淺種，趨時早者，所得亦早，用力多者，所收亦多，無致因循，自取饑餓。

一、陂塘水利，農事之本，今仰同用水下，協力興修，務令多蓄水泉，準備將來灌溉。如事干衆，即時聞官，糾率人功，借貸錢本，日下修築，不管誤事。

一、耘犂之功，全藉牛力，切須照管，及時餧飼，不得輒行宰殺，致妨農務。如有違戾，準敕科決，脊杖二十，每頭追賞五十貫文，錮身監納，的無輕恕。今仰人戶遞相告戒，毋致違犯。

一、種田固是本業，然粟豆麻麥菜蔬茄芋之屬，亦是可食之物，若能種植，靑黃未交，得以接濟，不爲無補。今仰人戶，更以餘力廣行栽種。

一、蠶桑之務，亦是本業，而本州從來不宜桑柘，蓋緣民間種不得法。今仰人戶，常於冬月，多往外路買置桑栽，相地之宜，逐根相去一二丈間，深開窠窟，多用糞壤，試行栽種。待其稍長，卽與削去細碎拳曲枝條，數年之後必見其利。如未能然，更加多種吉貝（按卽棉），麻苧，亦可供備衣著，免被寒凍。

一、鄉村小民，其間多是無田之家，須就田主討田耕作。每至耕種耘田時節，又就田主生借穀米，及至秋冬成熟，方始一併塡還。佃戶旣賴田主給佃，生借以養活家口；田主亦借佃客耕田納租，以供贍家計，二者相須，方能存立。今仰人戶遞相告戒，佃戶不可侵犯田主，田主不可撓虐田戶。如當耕牛車水之時，仰佃主依常年例，應副穀米；秋冬成熟之時，仰佃戶各備所借本息塡還。其間若有負頑不還之人，仰田主經官陳論，當爲監納，以警頑慢。

一、本州管內荒田甚多，蓋緣官司有俵寄之擾，象獸有踏食之患，是致人戶不敢開墾。今來朝廷推行經界，向去產錢官米各有歸著，自無俵寄之擾。本州又已出榜勸諭人戶，陷殺象獸，約束官司，不得追取牙齒蹄角。今更別立賞錢三十貫，如有人戶殺得象者，前來請賞，卽時支給，庶幾去除災害，民樂耕耘。有欲陳請荒田之人，卽仰前來陳狀，切待勸會給付，永爲己業，仍依條制，與免三年租稅。

一、今來朝廷推行經界，本爲富家多置田業，不受租產，貧民業去產存，枉被追擾，所以打量步畝，從實均攤，卽無增添分文升合。雖是應役人戶日下不免小勞，然實爲子孫永遠無窮之利。其打量紐算之法，亦甚簡易。昨來已卽行曉示今日又躬親按試，要使民戶人人習熟，秋成之後，依此打量，不過一兩月間，卽便了畢。想見貧民無不歡喜只恐豪富作弊之家，見其不利於己，必須撰造語言，妄有扇搖。今仰深思彼此一等皆是王民，豈可自家買田收穀，卻令他人空頭納稅，非惟官法不容，亦恐別招陰譴，不須計較行事，沮撓良法。

一、本州節次行下諸縣，不得差人下鄉，乞覓騷擾，科敷抑配，強買物色，及以補發經總制錢，發納上供銀，罷科茶等爲名，科發人戶錢物，所以上體朝廷寬恤之意，欲使民得安居，不廢農業。今恐諸縣奉行違戾，仰被擾人，指定實迹前來陳訴，切待追究，重作行遣。

一、本州印給榜文，勸諭人戶，莫非孝弟忠信，禮義廉恥之意，今恐人戶未能遍知，別且節略，連黏在前，請諸父老，常爲解說，使後生子弟知所遵守，去惡從善，取是舍非，愛惜體膚，保守家業。子孫或有美質，卽遣上學讀書，學道修身，興起門戶。

右今出榜散行曉諭外，更請父老各以此意勸率鄉閭，教戒子弟，務令通曉，毋致違犯。』——以上朱文公文集上述勸課諸法，自田間技術以至社會教育，靡不條舉列張，以視今日之農業推廣制度，無慚色也。惜當時法因人治，勸課之效，僅及文公管轄之縣邑，倘當日在上者，推其制於通國，則成周兩漢孝弟力田之風，將重被於南宋之世矣。今雖世異情遷，顧可資效則者，十猶八九，詎能自輕其古制而不求適於國情也耶？

光宗紹熙三年，勸兩淮民種桑。

寧宗慶元元年二月，詔兩淮諸州，勸民墾闢荒田。嘉定二年七月，命兩淮轉運司，給諸州民麥種。十月，給諸路民稻種。八年，詔耕種失時者，雜種麻粟之屬，主無分其地利，官無取其新苗。

理宗寶慶三年三月，詔郡縣長吏勸農桑抑末作，戒苛擾。端平三年春正月，詔勸農桑。淳祐九年，詔軍民耕種曠土，秋成日，官不分收。

遼太祖天贊元年，詔分比大濃兀爲二部，程以樹藝，請郡效之。

太宗會同元年，頒有司勸農桑之詔。三年，以近地賜南北院人爲農田。詔有司教民播種紡績。九年秋七月，詔徵諸道兵，故傷禾稼者，以軍法論。

聖宗統和四年十一月，詔諸軍毋殘南境桑果。七年正月，禁部從伐民桑梓。三月，禁芻牧傷禾稼。十二年七月，遣使視諸道禾稼十二月，賜南京統軍司貧戶耕牛。十三年正月，詔州縣長吏觀農。

興宗重熙二年八月，遣使閱稼，又撿括戶口，俾務耕種。詔曰：

『朕於早歲習知稼穡，力辦者廣務耕耘，罕聞輸納；家食者全虧種植，多至流亡。宜通撿括，普爲均平。禁諸職官，不得擅造酒糜穀，有婚祭者，有司給文字始聽。』

道宗清寧二年六月，遣使分道勸農桑。大安七年，詔給渭州貧民耕牛布絹。

金太祖天輔七年，禁軍士擾農。

太宗天會二年，詔以農隙聽訟。四年，詔長吏敦勸農功，詔書有曰：

『朕惟國家，四境至遠而兵革未息，田野雖廣，而畝畝未闢，百工略備，而祿秩未均，方貢僅修，而賓館未贍。是皆出乎民力，苟不務本業而抑游手，欲上下皆足，其可得乎？其令所在長吏，敦勸農功。』

九年，給戍戶耕牛，委官勸督田作；又分遣使者諸路勸農。

逮至世宗大定三年，復遣使諸路勸農，被派遣者，有戶部侍郎魏子平等九人。五年十二月，命大興尹巡察「猛安」民不自耕墾及伐桑棗爲薪者。九年，再度遣使分路勸農。十三年，敕每歲遣官勸農煩擾，令各管職官勸督。

二十二年，以附都「猛安」戶不自種，悉租於民，詔令治罪。二十五年，遣使臨潢泰州勸農。

大定二十九年，章宗卽位。六月初置提刑司，分按九路，兼勸農採訪事，屯田鎮防諸軍皆屬焉。明昌元年，禁末作傷農，又勸民栽桑，違者有罪。四年，遣官分路勸農。五年初定長吏勸農能否賞罰格。承安二年十二月，遣戶部侍郎上官瑜體究西京逃亡，勸率沿邊軍民耕種。戶部郎中李敬義規措臨潢等路農務。泰和元年，申明舊制，令按察司以時督勸農民，有故慢者，量決罰之。仍減牛稅。二年六月，諭尚書省，諸路禾稼及雨多寡，令州郡以聞。三年六月，遣官行視中都田禾水澤分數。八年夏四月，以禁地令民耕種；仍詔諭有司，以苗稼方興，宜速遣官分道巡行農事，以備蝗蝻。

宣宗貞祐二年，頒勸農詔。四年正月，言者遣官勸農，至秋成考其績以甄賞。宰臣言：『民恃農以生，初不待勸，但寬其力勿奪其時而已。遣官不過督州縣，計頃畝，嚴期會而已。吏卒因爲姦利，是乃妨農，何名爲勸？』上是其言，不遣。興定元年，詔雨雹傷稼處，勸民改蒔，仍給糧種。四年秋七月，詔參知政事李復亨爲宣慰使，御史中丞完顏伯嘉副之，循行郡縣勸農。

第六章　元代之勸農

元世祖卽位之初，首詔天下重農，謂國以民爲本，民以衣食爲本，衣食以農桑爲本。中統元年，頒農桑輯要之書，俾民崇本抑末。又令各路宣撫司，擇通曉農事者，充隨處勸農官。其睿見英識，與古先帝王無異，豈遼金所可得而比擬哉？二年四月，詔十路宣撫使量免民間課程、命宣撫司官勸農桑，抑游惰，禮高年，問民疾苦。八月，初立勸農司，以陳邃、崔斌、成仲寬、粘合從中爲濱棣、平陽、濟南、河間勸農使，李士勉、陳天錫、陳膺武、忙古帶爲邢洺、河南、東平、涿州勸農使。三年，詔諸路勸農開墾；命管民官，勸誘百姓，開墾田土，不得擅與不急之役，妨奪農時。十二月，詔給懷州新民耕牛二百，俾種水田。至元六年，詔諸路勸課農桑，命中書省采農桑事，列爲條目，仍令提刑按察司與州縣官，相風土之所宜，講究可否，別頒行之。七年二月，立司農司，以參知政事張文謙爲卿，奏立諸道勸農司，巡行勸課。閏十一月，申明勸課農桑賞罰之法。十二月，改司農司爲大司農司，添設巡行勸農使副各四員，以御史中丞索羅，兼大司農卿。考元初司農之設，專掌農桑水利，仍分布勸農官及知水利者，巡行郡邑，察舉勤惰。所在牧民長官提點農事，歲終第其成否，轉申司農司及戶部，秩滿之日，注於解由，戶部照之以爲殿最；又命提刑按察司加體察焉，不可謂不至矣。至元七年，嘗頒農桑之制一十四條，條多不克盡載，載其所可法者：

『縣邑所屬村疃，凡五十家立一社，擇高年曉農事者一人爲之長，增至百家者，別設長一員。不及五十家者，與近村合爲一社。地遠人稀，不能相合，各自爲社者聽。其合爲社者，仍擇數村之中立社長官司長以教督農桑爲事。

凡種田者，立牌橛於田側，書某社某人於其上，社長以時點視，勸誡不率教者，籍其姓名，以授提點官責之。其有不敬父兄及兇惡者亦然。仍大書其所犯於門，俟其改過自新乃毀。如終歲不解，罰其代充本社夫役。社中有疾病凶喪之家不能耕種者，衆爲合力助之。一社之中，災病多者，兩社助之。凡爲長者復其身，郡縣官不得以社長與科差事。

農桑之術，以備旱暵爲先。凡河渠之利，委本處正官一員，以時濬治；或民力不足者，提舉河渠官相其輕重，官爲導之。地高水不能上者，命造水車。貧不能造者，官具材木給之，俟秋成之後，驗使水之家，俾均輸其値。田無水者鑿井，井深不能得水者，聽種區田；其有水田者，不必區種，仍以區田之法，散諸農民。

種植之制，每丁課種桑棗二十株，土性不宜者，聽種榆柳等，其數亦如之。種雜果者，每丁十株，皆以生成爲數，願多種者聽。其無地及其疾者，不與所任。官司申報不實者，罪之。仍令各社布種苜蓿，以防饑年。近水之家，許鑿池養魚幷鵝鴨，及種蒔蓮藕菱芡蒲葦等，以助衣食。凡荒閑之地，悉以付民，先給貧者，次及餘戶。每年十月，令州縣正官一員，巡視境內，有蝗蝻遺子之地，多方設法除之。』——元史食貨志

其用心周悉若此，亦仁矣哉！八年，命勸農官舉察勤惰，視勸課之勤惰，而陞秩降職，以示勸懲，且每歲申明其制。是

年，授董文用爲山東東西道巡行勸農使。文用巡行勸勵，無間幽僻。入登州境，見其墾闢有方，以郡守移剌某爲能，作詩表異之。於是列郡咸勸，地利畢興，五年之間，政績爲天下勸農使之最。十一年，以勸課農桑，詔諭高麗國王。十二年四月，罷隨路巡行勸農官，以其事入提刑按察司，增副使僉事各一員，兼職勸農水利事。二十三年，給屯田軍農具牛種。詔以大司農司所定農桑輯要書頒諸路。黜陟勸農之勤怠者。二十四年，陞江淮行大司農司事秩二品，設勸農營田司六秩四品，使副各二員，隸行大司農司。二十五年春正月，詔行大司農司各道勸農屯田司巡行勸課，舉察勤惰，歲具府州縣勸農官實跡，以爲殿最。路經歷官縣尹以下，並聽裁決；或怙勢作威，侵官害農者，從提刑按察司究治。募民能耕江南曠土及公田者，免其差役三年，其輸租免三分之一。增置淮東西兩道勸農營田司督耕。二十八年，頒農桑雜令。其明年，以勸農司併入各道肅政廉訪司，增僉事二員，兼察農事。是年八月，又命提調農桑官帳册有差者驗數罰俸，故終世祖之世，家給人足，此其敦本之明效，可睹也已！

武宗元貞元年五月，詔以農桑水利諭中外。大德元年，罷妨農之役。二年，詔廉訪司治惰農及有司勸課不至者。十一年，申擾農之禁，力田者有賞，游惰者有罰，縱畜牧損禾稼桑棗者，責其償而後罪之。至大三年十月，詔諭大司農司勸課農桑。命大司農總挈天下農政，修明勸課之令，除牧養之地，其餘悉聽民秋耕。

仁宗皇慶元年，諭司農曰：『農桑衣食之本，汝等舉諳知農事者用之。』二年，申諭勸課農桑，勤於勸課之守令陞遷，怠者黜降，著爲令。延祐二年八月，詔江浙行省印農桑輯要萬部，頒降有司，遵守勸課。三年十一月，令各社出地共蒔桑苗，以社長領之，分給各社。翌年又以社桑分給不便，令民各畦種之。法雖屢變，而有司不能悉遵上意，大率視爲具文而已。五年，命刊印栽桑圖說，散之民間。其時大司農臣言：『廉訪司所具栽植之數，書於册者，類多不實。』觀此，則惰於勸課者，又不獨有司爲然也。

其後泰定帝致和元年，頒農耕舊制十四條於天下，仍詔有司，以察勤惰。時虞集拜翰林直學士，嘗因講罷，進曰：『京師之東，瀕海數千里，北極遼海，南濱靑齊，萑葦之場也。海潮日至，淤爲沃壤，用浙人之法，築隄捍水爲田，聽富民欲得官者，合其衆分授以地，官定其畔以爲限。能以萬夫耕者，授以萬夫之田，爲萬夫之長，千夫百夫亦如之。察其墮者而易之。三年視其成，以地之高下定額於朝廷，以次漸征。五年有積蓄，命以官，就所儲給以祿。十年佩之符印，得以傳子孫，如軍官之法，則東面民兵數萬，可以近衛京師，外禦島夷，遠寬東南海運，以紓疲民，遂富民得官之志而獲其用。江海游食盜賊之類，皆有所歸。』致和之後，莫不申明農桑之令，而其效益僅。

文宗天歷二年，復頒農桑輯要及栽桑圖，察勸農官勤惰。

順帝至正元年，命廉訪司察郡縣勸農官勤惰，達大司農司，以憑黜陟。二年，再頒農桑輯要。八年四月，詔守令選立社長，專一勸課農桑。十二年正月，遣官巡視諸路，諭民依時播種，貧者給以牛種，軍馬毋得踐踏。其明年，立分司農司，管畿內農務。又於江、浙、淮東立農師，以募民多寡，給流官職名有差。

第七章　明代之勸農

明太祖起自布衣，深究民生利弊，故注意於農事者獨詳。吳元年，上出視圜丘，世子從行，上因命左右導之徧歷農家，觀其居處飲食器用，還謂之曰：『汝知農之勞乎？夫農惟五穀，身不離畎畝，手不釋耒耜，終歲勤動，不得休息。其所居不過茅茨草榻，所服不過練裳布衣，所飲食不過菜羹糲飯，而國家經費皆其所出，故令汝知之。凡一居處服用之間，必念農之勞，取之有制，用之有節，使之不苦於饑寒，方盡爲上之道。若復加之橫斂，則民不勝其苦矣。故爲民上者，不可不體下情。』渡江初，卽以康茂才爲營田使，職司巡行隄防水利之事，比踐大位，卽行籍田禮，後復行西苑耕斂禮。洪武元年，令天下農民凡有田五畝至十畝者，栽桑麻木棉各半畝；十畝以上者倍之；田多者以是爲差。有司親臨督勸，惰不如令者罰。不種桑者，使出絹一匹；不種麻者，使出麻布一匹；不種木棉者，使出棉布一匹。然桑麻木棉之栽植，必待四年始徵稅，至違令之罰絹布，是亦師周官里布法之遺意也。

太祖既重視農桑，嘗謂中書省臣曰：『爲國以足食爲本。大亂未平，民多轉徙，失其本業，而軍國費悉自民出。今春和時，宜令有司勸農事，勿奪其時，仍觀其一歲中之收穫多寡，立爲勸懲。』洪武二年，躬耕籍田。又命皇后親蠶，自是歲爲常。三年，命省臣計民授田，設司農司掌其事。四年，令各府州縣，行移提調官，常用心勸諭農民，趁時種植。興廣西水利，可灌田萬頃。又命工部遣官往廣東買耕牛，給中原諸屯種之民。有司考課，令必書農桑學校之績，違者有罰。八年，敕有司不以農桑學校報者，以違制論。民有不奉天時負地利者，依律究治。十三年，諭戶部，令天下人民，每村置一鼓，凡遇農桑時月，晨起擊鼓，會田所，怠惰者里老督責之，里老不勸督者罰。同年，上諭曰：

「人皆言農桑衣食之本，然棄本逐末，鮮有救其弊者。盛世野無不耕之民，室無不蠶之女，水旱無虞，飢寒不至。自什一之制湮，奇巧之技作，而後農桑之業廢。一農執耒，而百家待食；一婦作織，而百夫待衣，欲民無貧人得乎？朕思足食在於禁末作，足衣在於禁華靡。爾宜申明天下四民，各守其業，不許游食，庶民之家，不許衣錦繡，庶幾可以絕其弊也。」——明史太祖紀

十四年，加意重本抑末，下令農民之家，許穿紗紬絹布；商賈之家，止許穿布；農民之家，但有一人爲商賈者，亦不許穿紬紗。詔陝西、河東、山東、北平等處，民間田土，聽所在民儘力開墾，爲永業，毋起科。十八年，議准農桑起科太重，令今後以定數爲額。又諭部臣，禁末作華靡，以無廢農桑之業。二十年，躬耕籍田，卽諭羣臣重農之意。二十一年，重申設鼓督農之制。

「令河南山東農民中，有等懶惰不肯勤務農業，朝廷已嘗差人督併耕種，令出號令，此後止是各該里分

老人勸督。每村置鼓一面，凡遇農種時月，五更擂鼓，衆人聞鼓下田，該管老人點閘。有懶惰不下田者，許老人責決，務要嚴切督併，見丁著業，毋容惰夫游食。若是老人不肯勸督，農民窮窘爲非犯法，到官，本鄉老人有罪。」

——明會典

二十四年，定開荒之例。二十五年，令天下樹桑棗柿栗胡桃等物。二十七年，令戶部移文天下，課百姓植桑棗。里百戶種秧二畝，始同力運柴草燒地，已乃耕，比三燒三耕，已乃種秧，高三尺，分植之，五尺闊爲壟。每百戶初年課二百株，次年四百株，三年六百株，栽種過數目，造册以報，違者謫戍邊。又以湖廣、辰、永、寶、衡等處宜桑，而種者少，命於淮徐取桑種二十石，送其處，給民種之。尋遣監生人材，詣天下督吏民修農田水利，而具敕天下諸陂塘湖堰，可瀦畜旱暵，宜洩瀉防霖潦者，各因地修治，毋怠；亦毋得妄興工役，疲吾民。二十八年，旨下戶部尚書，言百戶爲里，春秋耕穫之時，一家無力，百家代之。九月，再命置鼓督農，遇農月，晨鳴鼓，會田所，及時力服田。怠惰者，里老督勸之，不率者罰。里老惰不督勸亦罰。每月旦，召京師父老，躬諭以力田敦行。三十一年，命督山東河南民耕種，具籍以聞。蓋以其時，兩地民多惰於農事也。太祖嘗幸鍾山，自獨龍岡步至淳化門，謂侍臣曰：『朕不歷田畝久，適見田者，冒烈暑而耕，心惻然憫之，不覺徒步至此。』故終太祖之世，勸課農桑，靡有懈怠，有司體君上愛養至意，亦奉行維謹，不敢少有弛擔也。

建文帝嗣極元年，即下養老墾田振貧減租之詔，是能追太祖之遺緒者。靖難師興，倉皇出走，懷志未申，論者惜焉。

成祖永樂元年，命寶源局鑄農器，給山東等處被兵之民。徵耕牛於朝鮮，送至萬頭，每頭酬絹一疋，布四疋，以其牛分給遼東諸屯士。二年正月，敕諭羣臣勸力督課農商。詔曰：

『朕惟事天以誠敬爲本，愛民以實惠爲先。書曰：「惟天惠民。」又曰：「安民則惠。」然天之視聽，皆因於民，能愛民即所以事天。今春和時，東作方興，宜各究心務實，申明教術，勸課農桑，問其疾苦，卹其飢寒，革苛刻之風，崇寬厚之政，以迓天庥，臻於治理。欽哉』——明史成祖紀

八年，務本之訓書成，蓋師無逸之遺意，所以教子孫知稼穡之艱難也。

永樂二十二年，仁宗即位。詔令勿奪農時。諭曰：

『農者生民衣食之源，耕耘收穫，不可失時。自今一切不急之役，有當用人力者，皆俟農隙。前代蓋有不恤農事，而以徭役妨農作召亂亡者，不可不謹。』——聖學格物通

洪熙二年，祭先農，耕籍田。

宣宗宣德元年，諭曰：

「天氣向炎，正農夫耕耘之時，因誦聶夷中詩曰：「吾每誦此，未嘗不念農夫。」又曰：「朕八九歲讀書，皇考親寫是詩以示，問曰：『解否？』對曰：『稼穡艱難在此也。』自是嘗教以農事，銘於心，不敢忘。」

二年，增設浙江、錢塘、仁和、海寧、新城、昌化、嘉興、海鹽、崇德八縣縣丞各一員以治農。五年，以御製耕夫記示羣臣。又如喜雨有詩，織婦有詩，豳風圖則又有長詩，令揭便殿藉資儆勵。八年春，李信圭上言：『自江淮達京師，沿河郡縣，悉令軍民挽舟，歲發二三千人，晝夜以俟。及致田士荒蕪，民無蓄積，稍遇歉歲，輒老稚相攜，緣道乞食，實可憫傷。請自儀「徵」至通州，盡免其雜徭，俾得盡力農田。』詔書允行。

景宗景泰三年，令丁多田少之人開墾田地。天順三年，令各處軍民，有新開無額田地，及願佃種荒閒地士者，俱照減輕則例起科。英宗景宗兩朝，勸農政績，無甚足述，要為例行之耕籍，間命有司親農桑事而已。

憲宗成化元年，行耕籍禮。曾設河南山東等處農官（布政司參政各一員，所屬各府同知一員，職專提督八民栽種耕耘；）申敕守令恪守官田官牛之法。九年，增設蘇、松、常、鎮、湖五府通判，並所屬長洲等縣縣丞各一員以勸農。十年，增設山東布政司參政一員，專理勸農。十一年，增設直隸、江西、湖廣、湖南、應天諸州縣判官主簿為勸農官。十九年，增設山西布政司參政一員，耑理農務。

孝宗弘治元年，耕籍賜農夫布。十七年裁革山東提督勸農參政。

世宗嘉靖六年，詔通行所屬府州縣，原設有治農官處，不許營幹別差，專一循行勸課。原無官處，委佐貳一員帶管。果有實效，具奏旌擢；如或因循廢職，作罷輭罷黜。又令各處荒田，募軍民耕種，免租粮三年起科。二十三年，增設鳳陽府通判一員治農，並責令淮安徐州督農官於各州縣鄉社分設農者等役，開治荒地，招撫逃民。

按明會典，國初無親蠶禮，世宗即位，始敕禮部，以每歲季春皇后親蠶於北郊，後改於西苑，未幾即罷。其後穆宗隆慶二年二月，行耕籍禮，後無足書。

明代地方勸農官吏，前已略述，至中央主政官司，據明史職官志載：戶部尚書，以樹藝課農官，以蠲減賑貸均糴捕蝗之令憫災荒。

明代親民官之以勸農稱者，則有方克勤陳幼學二員，玆略述其政績如左：

方克勤——方克勤授濟寧知府，時始詔民墾荒，閱三歲乃稅。吏徵率不俟期，民謂詔旨不信，輒棄去田復荒。克勤與民約稅如期，區田為九等，以差等徵發，吏不得為奸，野以日闢。視事三年，一郡饒足。——明史

陳幼學——陳幼學授確山知縣，墾萊田八百餘頃。調繁中牟，縣南荒地多茂草，根深難墾。令民投牒者，必入草十斤。未幾草盡，得沃田數百頃，悉以畀民。有大澤積水，占膏腴地二十餘里，幼學疏為河者五十七，為渠者百三十九，俱引入小清河，民大獲利。遷湖州知府，霪雨連月，禾盡死，幼學大舉荒政，活饑民三十四萬有奇。——

明史

有明勸農之政，明人馮應京論之綦詳，其言有曰：『明初勸農政事，有司奉行維謹，未嘗特爲農事設專官人盡農官也。以農桑責之郡縣，以屯種責之衞所，非農事修舉，不得注上考，蓋設官分職，原以爲民。嗣後不察，而增設府州縣勸農佐貳，設屯田水利臬臣，又或特遣重臣。諸牧民之長，其賢者亦或體君上愛養至意，不然者，且見以爲業有專官而已，可弛擔也。邇年州縣官惟勾攝詞訟之爲急，其餘塘堰冊報，類非聚實，雖奉勘合行視，特科索里戶供應而去，初曷嘗一至郊野，見所謂隄塘渠堰爲何若哉！』歷代農政，靡不有初，鮮終，善法之行，歷久凌替。且政令自中樞傳施於鄉里，遞級而寖喪其眞，銓，不肖者復藉名苛擾，農民終末由沾沐其實惠，或蔽於廉遠堂高，或阻於奸胥猾法；勸農務本，徒成口禪，又豈僅有明一代而已哉！

第八章　清代之勸農

明末苛政紛起，籌捐增餉，民窮財困。有清入主中國，概予蠲除，與民更始。國初令窪下地種稻、高粱、稗子、蘇蔴，高阜種菜穀；又令莊屯棉花發民間紡績；令駐防錦州等城漢軍每壯丁五名，撥給牛一隻，以備耕種；又定縱馬食田禾者，阿敦大阿敦副管各營，鞭責有差，照所踐穀數追賠。

世祖入關之初，亟務畜牧，以近畿墾荒餘地，斥爲牧場，復定興屯之令。順治元年，題准盛京地方，令照舊織布，仍留養蠶屯十處。六年令州縣以勸墾多寡爲優劣，道府以督催勤惰爲殿最，嚴限年之令，用是報荒者漸多。七年諭民間田地，不許旗下及投充人置買，違者治罪。八年題准農民力耕，甚賴牛隻，滿州已禁私宰，其漢人屠宰堪用牛隻者，照律治罪。諭諸王：必俟農隙時方許放鷹，勿得玩違，以至蹂躪田禾。十二年二月，祀先農畢，親行耕籍禮。十二年覆准民間樹植，以補耕稼，地方官加意勸課，如私伐他人樹株者，按律治罪。十五年覆准桑柘榆柳，令民隨地種植，以資財用；又覆准令五城御史及各撫按嚴飭地方，如私宰堪用牛隻者，本身及兩鄰里，總一併治罪。十七年覆准設立里社，令民二三十家或四五十家聚居，每遇農時，有死喪疾病者，協力助耕，蓋師古之遺意也。

聖祖冲齡踐位，初期政治，權臣代行。康熙五年，御史蕭震疏請黔、蜀屯田，略謂：『國用不敷之故，由於養兵，以歲費言之，兵餉居其八，以兵餉言之，綠旗又居其八。今黔、蜀地多人少，誠行屯田之制，駐一郡之兵，卽耕其郡之地，駐一縣之兵，卽耕其縣之地，養兵之費既省，荒田亦可漸闢。』下部議行。關於勸墾之政，慮官吏有捏報攤派之弊，仍停限年之令。七年御史徐旭林上墾荒三弊疏，言皆切中；然限年卒不可行。十年令士民墾地二十頃，試其文藝通者，以縣丞用，百頃以知縣用；又展升科之年以勸之。同年上諭禮部：『耕籍大典，事關勸農，來春應照例舉行，其應行事宜，詳察典例具奏。』覆准八旗莊屯，每屯原設乖撥什庫一名，不必更設里長，其民間農桑，敕令督撫嚴飭有司，加意督課，勿誤農時，勿廢桑麻。十一年二月親行耕籍禮，其後每以天氣炎亢，農事堪憂，下詔省刑，祈求雨澤（如十二年三月十四年五月十六年六月十七年六月十八年三月十九年四月二十年四月二十一年十二月二十八年五月六月），其勤恤民隱，固極肫摯也。二十八年簡放王國安為奉天府府尹，敦敦以勸民務農嚴察游手為諭。明年正月，上諭戶部有云：

「朕惟阜民之道，端在重農，必東作功勤，然後西成有賴。畿輔地方，去歲遭罹荒歉，已經蠲免錢糧，特發帑金，兼支倉粟振濟，雖小民糊口有資，其籽粒牛具，恐多匱乏。今時屆首春，田功肇始，若弗經營措給，將誤俶載之期，播種不齊，倉箱何望？直隸被災州縣衞所，窮民有不能自備牛種等項者，該撫督率有司，勸諭捐輸，及時分行助給，務令田疇遍得耕易，毋致稍有荒蕪（中略），以副朕敦本勸農愛養兵民之至意。」——五朝聖訓

三十年六月上諭內閣戶部，差年壯司官一員，令馳驛至直隸巡撫處，詳悉問詢畿輔所屬地方雨澤曾否霑足？蝗蝻較前何如？還奏。三十二年二月，上命大臣公坡爾盆等，詣歸化城等三處督耕，諭之曰：『種地惟勤為善，北地風寒，宜高其田隴，尋常之穀，斷不能收，必藝早熟之麥與油麥大麥糜黍，方為有益（中略），謹識朕言，克勤毋怠。』三十三年四月十三日上諭內閣有云：

「朕處深宮之中，日以閭閻生計為念，每巡歷郊甸，必循視農桑，周諮耕耨，田間事宜，知之最悉，誠能豫籌

稽事，廣備災祲，庶幾大有裨益。昨歲因雨水過溢，即慮入春微旱，則蝗蝻遺種，必致爲害，隨命傳諭直隸、山東、河南等省地方官，令曉示百姓，即將田畝亟行耕耨，使覆土盡壓蝗種，以除後患。今時已入夏，恐蝗有遺種在地，日漸蕃生，已播之穀，難免損蝕；或有草野愚民，云蝗蟲不可傷害，宜聽其自去者，此等無知之言，切宜禁絕。捕蝗弭災，全在人事，應差戶部司官一員，前往直隸山東巡撫，令申飭各州縣官親履隴畝，如某處有蝗，即率小民設法耨土覆壓，勿致成災，其河南、山西、陝西等省，亦行文該撫，一體曉諭，欽依。』

三十五年六月，詔禁大軍踐踏田禾，如有縱徇，軍法從事，決不姑恕。三十六年三月，因車駕巡幸，諭川陝總督，令地方百姓，務各安本業，廛無廢市，隴無輟耕。三十九年七月，以秋成大熟，諭飭地方有司，勸諭民間，撙節煩費，加意積貯，務使蓋藏有餘，閭閻充裕，以副重農敦本愛養元元至意。宗室費揚固請開墾山代地方田地，詔允其請。四十六年六月，諭令地方官員，將小民現在力作之務，若能加意勸導，使不致荒廢，即爲實能盡心之人，今責成地方官，令五畝之田，種桑二株，百畝之田，種桑四十株。四十九年五月，蝗蝻復見一二，諭令捕捉，不實心奉行者罪之。五十四年二月，上諭直撫趙弘燮曰：

『朕嘗讀無逸篇，留心稼穡久矣。去歲臘前，瑞雪盈尺，時屆陽和，細雨連綿，輿情怡悅，早得布種矣。所慮者起發太盛，則收穫之際，恐有二疸之虞。爾等徧示民間，芸鋤時令苗稍疏，預防風霾。朕以民生爲念，勸農爲本，已有所知，不得不示。』

五十八年五月，上諭戶部有云：

『朕幸熱河，見一路麥苗盈野，收穫必豐，但麥熟之歲，往往雨水早而且多，朕留心稼穡，歷年最久，深悉其故。爾部傳諭直隸、河南、山東、山西并口外地方，速將已收之麥晒乾，入囤收貯，不致潮濕霉爛，則今歲所收，足用二年矣。』

康熙之世，國富民殷，五十一年頒新增人丁永不加賦之諭；又嘗免天下租稅，至再至三。聖祖重視農桑，留心稼穡，事有關於惠農恤民者，雖屬纖末，亦必頒示詔諭，指示周詳，自是聖祖仁政，遂與一代相終始，家給戶足，非偶然矣！

世宗繼繩遺緒，其於農政，尚無墜廢。每歲躬耕籍田，以重農事。雍正元年四月，詔勸開墾，有云『嗣後各省，凡有可墾之處，聽民相度地宜，自墾自報，地方官不得勒索，胥吏亦不得阻撓；至升科之例，水田仍以六年起科，旱田以十年起科，著爲定例，其府州縣官能勸諭百姓開墾地畝多者，准令議敍，務使野無曠土，家給人足。』二年二月，下詔勸農，有謂：

『（上略）非率天下農民，竭力耕耘，兼收倍穫，欲家室盈寧，必不可得。周官所載巡稼之官，保介田畯，皆爲勸農設也。今課農雖無專官，然自督撫以下，孰不兼此任？其各督率有司，悉心勸相，並不時咨訪疾苦，有絲毫妨於農業者，必爲除去。仍於每鄉中擇一二老農之勤勞作苦者，優其獎賞，以示鼓勵；如此則農民知勸，而惰者可化爲勤矣。再舍旁田畔，以及荒山曠野，度量土宜，種植樹木，桑柘可以飼蠶，棗栗可以佐食，柏桐可以資用，卽榛楛雜木，亦足以供炊爨。其令有司，督率指畫，課令種植，仍嚴禁非時之斧斤，牛羊之踐踏，姦徒之盜竊，亦爲民利不小。至孳養牲畜，如北方之羊，南方之彘，牧養如法，乳字以時，於生計咸有裨益。總之，小民至愚，經營衣食，非不迫切，而於目前自然之利，反多忽略，所賴親民之官，委曲周詳，多方勸導，庶使踴躍爭先，人力無遺，而地利始盡，不唯民生可厚，風俗亦可還淳。爾督撫等官，各體朕惓惓愛民之意，實心奉行；儻視爲具文，苟且塗飾，或反以擾民，則尤爲不可也。」

同年二月，令州縣有司，擇老農之勤勞儉樸身無過舉者，歲舉一人，給以八品頂帶榮身，以示鼓勵。四年八月，以籍田雜產嘉穀，詔令地方有司，俱行耕籍之禮，使知稼穡之艱難，悉農夫之作苦，量天時之晴雨，察地方之肥磽，以爲官者皆時存重農課稼之心，則凡爲農者，亦斷無苟安怠惰之習矣。

五年二月，以閩、廣農民，多治園圃果木，以致民食不敷，仰賴鄰省，詔令兩省督撫，悉心勸導，改植米穀。三月詔令臣民，節食寶穀，尤不可以之飼養豚豕。各省地土，不可種五穀處，不妨種他物以取利，能種者則當視之如寶，勸加墾治，樹藝菽粟。又以菸葉無益於人，尤足妨礙農事，勸不必種。六年八月，訓飭地方各官以捕蝗爲急務，其不力者加以處分。因兩江總督范時繹，對於督率捕滅邳州蝗蝻不力，詔令除將地方官令其題參外，督撫交部議處。十二月丁亥詔令有謂：『地方縉紳，爲小民之望，而率作興事，應爲先倡。』諭令寧夏本籍官紳開墾授業，俾爲世享之利，得水可墾之地計二萬餘頃。

初，詔令各州縣歲舉老農，給以頂帶榮身，乃州縣憑紳士之保舉，紳士納姦民之貨財，上下相蒙，苟且塞責。七年正月，詔摘其奸，以爲深負勸農務本之意，令督撫確實查明，將冒濫生事之老農，悉行革退，另選題補。四月戊子，詔令各省凡有未墾之士，各省督撫各就地方情形，轉飭有司，細加籌畫，其情願開墾而貧寒無力者，酌動存公銀穀，確查借給，以爲牛種口糧，俾得努力於南畝，成熟後分三年清償，五六年後，按則起科。四月癸亥，以直省農民播種違時，詔書切責，有謂：

『儻小民怠惰偸安，爲民父母者，即當開導勸課，使之踴躍趨事於南畝；又或籽種牛力，稍有不敷，則當留心體察，設法相助，不使有後時之歎。（中略）此皆愚民習於懶惰，而地方有司又不以民事爲念，漠然不加董率之故，着該督傳朕諭旨，通行申飭，儻再有牧民之官，輕視農事，不實心化導，任百姓之悠忽，有誤播種之期者，必從重議處。』

九年七月甲申，令飭直隸、山東、河南官吏，防遏蝗蝻，實力奉行，不得視爲具文焉。

高宗亦重農事，乾隆初編纂授時通攷，頒行治域，書凡七十八卷，計八門：一天時，二土宜，三穀種，四功作，五勸課，六蓄聚，七農餘，八蠶業。又復頒諭勸農詔書有云：『天下親民之官莫如州縣，州縣之事莫切於勸察民生，而務教養之實政，有事則在縣辦理，無事則巡歷鄉村，所至之處，詢民疾苦，課民農桑，宣布教化，崇本抑末，善良者加之以獎勵，頑梗者予以威懲』。乾隆二年雲南巡撫張允隨上勸農三策疏，語多足采，茲節摘疏辭，藉爲留心經世之學者攷徵焉：

『查勸課農桑，固州縣之責，而州縣政務殷繁，不能遍及，是以部議倣照周禮遂地之制，量設數人，以司董成，誠農政之先務；但思州縣牧令，熟諳農功者少，似宜定爲規條，示以準的，俾選擇之始，既有以察其能否；考課之時，亦有以驗其勤惰。臣請定十則：

一曰筋力勤健，二曰婦女協力，三曰耕牛肥壯，四曰農器充銳，五曰籽種精良，六曰相土植宜，七曰灌溉深透，八曰耘耨以時，九曰糞壅寬餘，十曰場圃潔治。

以上十條，以十得八九者曰上農，酌量州縣土田之多寡，村落之遠近，即於上農之內，選擇老成謹厚之人，專司教導，於井里之中，晨夕聚處之際，勸者勸之益勤，惰者勉其勿惰；逐末者引之務本，游手者教之學稼，不許干預他事。至農人雖終歲勤動，而其功力之齊，則全在春耕夏種秋收之日，牧令政務雖繁，而一歲之中，要當竭此數旬之心力以勸農事。如每歲二三月間，東作方興，州縣親行履畝一次，則耕犂之勤惰，可得大概矣。四五月間，插蒔方殷，再行履畝一次，則栽種之勤惰，可得大概矣。九十月間，穡事告成，再行履畝一次，則農功之勤惰，可得其全矣。勤者奬賞之；惰者戒飭之；老農教導無效者，則另選以代之；如州縣奉行不力，督撫司道府爲之稽察而申飭之；如此爲牧令者，既克盡其勸課，亦不致滋擾閭閻，則用力少而收功溥矣。其餘月日，恪遵訓旨，凡值公事之暇，即巡歷鄉村，所至之處，詢疾苦而課農桑，奬善良而懲頑梗，則上下之情通，而提撕易入，不難合四境如一室矣。至部議所定量加奬賞之例，固所以答老農教導之勞，而鼓衆農力作之氣；但查州縣既多，老農亦衆，若勤帑賞給，則國家經費有定；若僅地方官捐給，則牧令中急公之員固不乏人，而庸謹者不無苟簡從事，則奬賞之典，將成具文，又當斟酌一法，以爲風勵斯民之具。伏查遂師之制，重於成周，力田之科，隆於漢代，而國家現行鄉飲酒之禮，凡鄉民之年高而淳謹者，得推爲介賓，民間深以爲榮，今老農雖未足與於此選，然果能率民以服先疇，若有成效，亦有司所當禮貌者也。臣請略倣其意，於每歲秋成之後，州縣查其所管鄉村，如果地闢民勤穀豐物阜，則爲之備花紅酒醴，設席公所，進而觴之，併用鼓樂導之以出，使耕鑿之儔，見農民之細而長吏親爲優禮，其觀感興起之忱，有油然而生者矣。（下略）』——賀長齡皇朝經世文編五月庚子，上諭總理事務王大臣：

「（上略）今天下土地，不爲不廣，民人不爲不衆，以今之民耕今之地，使皆盡力焉，則儲蓄有備，水旱無虞。乃民之逐末者多，而地之棄置者，亦或有之。縱云從事耕耘，而黍高稻下之宜，水耨火耕之異，南人尚多不諳，北民率置不講，此非牧民者之責抑誰之責歟？今之督撫，於地方命盜等案，或官方吏治兵制夷性能盡其心者有之，其以身爲之倡，課百姓以農桑本務者，誰歟？得毋與虞廷命官之意相左乎？朕欲驅天下之民，使皆盡力南畝，而其責則在督撫牧令，必身先化導，毋欲速以不達，毋繁擾而滋事，將使逐末者漸少，奢靡者知戒，蓄積者知勸。督撫以此定牧令之短長，朕即以此定督撫之優劣。至北五省之民，於耕耘之術更爲疏略，是以一穀不登，即資振濟，斯豈久安長治之道？其應如何勸戒百姓，或延訪南人之習農者以教導之。牧令有能勸民墾種，一歲得穀若何？三歲所儲若何？視其多寡爲激勸，非奇貪異酷極昏極庸者，毋輕率劾去，使久於其任，則與民相親而勸課有成，將見俗返醇樸，家有蓋藏，然後禮樂刑政之教可漸以講習。着該部即會同九卿詳悉定議以聞。」——高宗純皇帝聖訓

六月，陝撫崔紀奏請鑿井，以利農事，得旨允行，且免照水田升科例以倡。十一月，江督那蘇圖奏請簡用廢員督勸農桑，上諭曰：

『牧民之官，課督農桑乃第一要務，豈有因刑名錢穀而分其責於他人者乎？』旨斥不許。三年五月，湖廣總督宗室德沛奏報遵例出郊勸農。十二月，河南巡撫尹會一奏稱，多方勸諭鄉地老農，自桑柘楡柳以至棗梨桃杏之屬，遇有閒隙之地加意培養，一年之內成活樹木共計一百九十一萬有餘，詔書褒勉，並傳諭各省督撫，咸使效法，諭旨有謂：

『（上略）朕臨御以來，軫念民依，於勸農教稼以外，更令地方有司，化導民人，自勤樹植，以收地力，以益民生。今尹會一奏豫省一年之內，已種樹一百餘萬之多，朕思中州接壤畿輔，爲南北往來之衝，並未聞有教民種植滋事繁擾之處，安見豫省之法，不可倣行於他處耶？至於五穀者，乃民命之所關，吾君臣受上天牧民之責，而於民之所資以爲生者，轉視爲緩圖，亦逐末而忘其本矣！地方有司，但知以簿書爲事，自顧考成，幸免參罰，便爲稱職，而究之牧民之要道，缺焉未盡，所謂父母斯民者安在乎？是在督撫大臣董率州縣官，早作夜思，視百姓之事，如己身之事，勤勤懇懇，勸勉化導，俾百姓盡力於南畝，野無曠土，戶無游民，縱不能如古之耕九餘三，即有成效，亦必令有所儲蓄，以備不虞，則克盡牧民之本圖矣。但小民識見短淺，不能慮及久遠，必須良有司感之以至誠，使官民上下，情意流通，有言必信，奉令承教，出於自然，行之既久，漸臻家給人足之風。此等牧令，眞不愧古之循良，該督撫當優獎而薦擧之，朕必加以遷擢，風示羣吏。儻襲取虛文，不求實政；或且刑驅勢迫，使閭閻未受蓋藏之益，而巳受繁苛之擾，此又國法所不貸者。可傳諭各省督撫，善體朕心，勉力爲之，以副朕望。』——仁宗睿皇帝聖訓二十三年六月上諭之前段

五年六月，或奏各省遇有水旱成災地畝，一經報荒之後，卽不許種蒔，謂之指荒地畝，以待州縣勘實出結，又候上司委員查驗，若復行種蒔，便無可憑。而歷經查驗動須數月，雖有可耕之時，往往坐廢，以此被災之民，常有不願報災，以圖耕種收穫者。詔書切責其非，令行各省督撫留心體察，勉除前弊。七月，諭令凡邊省內地零星地土可以開墾者，嗣後悉聽該地民夷墾種，免其升科，並禁豪強首告爭奪，俾民霑實惠，吏鮮阻撓。七年十二月，因江南水災之後，詔令督撫飭令有司勸諭災民，愛護牛隻，或准借給草値，以資餧養，輕鬻耕牛者，卽行懲治。貴州總督兼管巡撫張廣泗奏陳廣勸耕織情形，上諭褒勉。

八年四月，御史徐以升請行區田之法以備旱，上令奉宸苑依法試種。（按康熙時，朱龍耀爲蒲令，邑處萬山中，高陵陡坡，非雨澤不能有秋，爰取區田法試之；後爲太原司馬，在平地亦然，每區收四五升，畝可三石，於是刊布圖說，以爲務農者勸。——張援：大中華農業史）六月壬申，上諭內閣：

『朕惟養民之本，莫要於務農，州縣考成，固應用是爲殿最，而向來功令，不專以此課吏者，因其事甚樸，無可炫長，其迹似迂，驟難見效；又或上官之查勘難周，有司之條教易飾，不似催科聽斷捕盜等事之顯而有據也。

督撫察吏，每於此等本計，轉視爲老生常談，漠然不甚加意，以致州縣之吏，趨承風旨，專以簿書期會爲先，而農事反居其後，職司民物之謂何？不知爲治之道，本舉而末自隨之，如果南畝西疇，人無餘力，於耜舉趾，日無暇時，則心志自多淳樸，風俗自鮮囂凌，人知急公而閭閻無待追呼矣，人知畏法而盜賊因以寢息矣。本計既端，末事亦次第就理，如此則州縣之考成，似疏而實密，卽督撫之察覈，可簡而不繁，日計不足，月計有餘，民生大有裨益卽治道亦諸致郅隆。若夫朝令夕申，意非不美，束縛馳驟，適以擾民，爲督撫者，當善體朕意，毋視爲具文，毋事於塗飾；誠以實心化導其屬，俾屬吏亦以實力勸課其民，庶幾野無游惰之風，家有蓋藏之樂。朕以此訓示督撫，已至再至三，不啻耳提面命，今復降此諭，實願與天下共敦本計，故不厭其言之重而詞之複也。各省督撫，其共勉之。』

十年詔令直督勸諭百姓，廣行播植秋麥，祇可聽民之便，不可勉強滋擾。其明年，陝撫陳宏謀奏稱，幽岐舊地，西、同、鳳、漢、邠、乾等府州皆可養蠶，近令廣植桑株，雇人養蠶，通省桑樹，已及數十萬株。上諭有謂：『興農桑乃爲政之要務，毋始勤而終怠，毋空言而行違。』十四年至二十年間，疊降諭旨，令飭地方官吏防除蝗蝻，有『有怠於撲捕，以致飛往他境者，一經奏聞，必當根究生蝗處所，將該地方官從重治罪』等語。二十四年五月，詔飭州縣佐雜等官，分行村落，董率農民，搜捕蝗蝻，日逐巡行，絡繹周遍，務期淨盡，仍令監司大員親巡各邑，察其勤惰，以別勸懲；

但州縣官亦不得因分委佐雜，遂致自弛自逸。初御史周燾上書除蝗滅種，是年江南山東蝗，京畿道御史史茂亦謂：『捕蝗不如捕蝻，捕蝻不如滅種。』與馬騵翟各陳疏議，奏之於朝，著爲條例，頒行官司，治蝗方法，於是乎備。茲擇錄其律令：

律令——清代治蝗有定例，所謂大淸律例及戶部則例多載之，摘要錄二則如左：

一、凡有蝗蝻之處，文武大小官員率領多人公同及時捕捉，務期全淨；其雇募人夫每名計日酌給銀數分，以爲飯食之資，許其報明督撫，據實銷算，果能立時撲滅，督撫具題照例議敍。如蔓延爲害，必根究蝗蝻起於何地及所到之處，該管地方官玩忽從事者，交部照律治罪，並將該督撫一併議處。

二、直省濱臨湖河低窪之處向有蝗蝻之害者，責成地方官督率鄉民隨時體察，早爲防範，有蝻種萌動，即多撥兵役人夫及時撲捕，或掘地取種，或於水涸草枯之時，縱火焚燒，設法銷滅；如州縣官不早撲除，以致長翅飛騰者，均革職拿問。

同年十月，山東巡撫阿爾泰奏陳勸民種植，詔書稱許。三十一年嵩縣知縣康基淵開渠灌田，著有成效，所司奏請記功，以昭獎勵，上諭有曰：

『州縣爲親民之吏，於地方農田水利等事，果能實心經理，裨益民生，實爲吏治首務。今該縣康基淵挑濬伊河兩旁古渠並山澗諸流可資引導者一律疏治深通，溉田六萬二千餘頃，洵屬崇尙實政，留心民事之員，儘予記功，不足以示鼓勵，康基淵着交部議敍。但有司承辦此等事務，期在誠心爲民，其所經畫溝洫畦塍，必須有界跡可指，豐收果有成效，及該上司履勘相符，方足表徇績而膺錄敍。若牧令等因有旨妄生冀倖，遂爾粉飾沽名，虛文塞責，於閭閻休戚，毫無裨補，甚或辦理不善，紛擾更張，則是名爲興利而轉以滋累，又不可不防其流弊，惟在各督撫覈實體察以爲課最爾。』

四十年，兩江總督高晉上請海疆禾棉兼種疏。陳宏謀之主陝政也，檄州縣巡歷鄉村，告以興除事宜，大要有七：一廣行蠶桑，二普植木棉，三興修田功，四廣種材木，五分積社糧，六勸種甘薯，七禁止喪戲。胥封疆大吏之能重視勸課者，當時似已蔚爲風氣矣。五十九年二月，諭飭浙省督撫奏報蠶收情形，每歲一次。五月，因直隸雨少，諭令長官，如春日雨水過少，可采用耩畊之法，三寸之雨，卽可翻隴，轉飭農民倣照而行，廣爲曉諭，毋致失時；亦不可稍事驅迫，致有擾累。終乾隆之世，民封物阜，家給人足，有清一代，推爲鼎盛，此不得不歸功於在上督責之勤矣。

仁宗席其餘蔭，尙能以勸農爲念。嘉慶元年三月辛亥，親耕耤田，三推畢，加一推，自是以爲常。其於防除蝗蝻，亦甚經意，五年十二月、六年七月、七年四月、六月、八年六月、七月、九年五月、六月、十三年六月，疊頒諭旨，督飭有加。十三年六月甲辰，於聖祖高宗所題耕織圖卷（按聖祖敕繪耕織幅四十六幅）續有題咏，祗遹成謨，重民務本。

九月輯授衣廣訓，倡興木棉種植紝紡諸務。十八年九月，直隸天津、豐潤、靑縣、靜海、滄州、鹽山、任邱、寶坻、寧河九州縣馬廠官荒地畝，前於乾隆年間，賞給附近民人報墾升科，當據丈明可墾地七百二十餘頃，造報升科所餘地畝，歷年久遠，已墾未墾尙未據査丈明確，分別造報，每致外來牟利之徒，合夥包攬，認墾轉租，互相攘奪，訐訟不休。詔諭直督曉諭人民，如果據實首報，准將從前私墾漏未報升之處，免其治罪，並免追歷年糧賦，給予管業，不准外來包戶影射爭奪，以杜訟端。十九年正月，因姚文田奏請急農桑緩刑獄一摺，上諭內閣：

『國家政在養民，農桑者天下之大本，朕親耕，后親蠶，躬行爲天下先，誠以民生所亟，一日不再食則飢，終歲不製衣則寒，布帛菽粟，其事至恆而所關至鉅。定例考覈吏治，首列勸課農桑，所以責望牧令者，莫要於此。古者物土之宜，耕九餘三，歲有豐歉，民無凍餒。近者膏腴之產，多以蒔菸，倉廩所儲，兼以釀酒，地利未盡，禁令復弛，地方偶値偏災，雖蠲振頻施，民猶不免飢寒，本務不修，無怪乎閭閻之貧且病也。着通令直省督撫，各飭所屬府州縣官，務知朝廷貴農重粟之意以勸課農桑爲亟；境內沃壤，悉令樹植嘉穀。有勤於南畝者，勞之相之，其靡穀病農者，抑之懲之。地產日豐，蓋藏饒裕，衣食足而廉恥興，富敎之政，其庶幾乎！（下略）』——仁宗睿皇帝聖訓

閏二月，御史王家棟奏請勸民耕種以盡地利，詔令直隸、河南、東三省督撫，派員迅速査明叛產絕產，分撥無業難民，以資撫恤；其無人播種之田，並着先行招佃力作，無使荒廢；其有田無力者，酌借籽種口糧，被荒賤售地畝，均准

令產主照原價回贖，毋許勒掯居奇，有妨農業。二十二年四月，敕甘督飭知地方官，徧行曉諭，凡種水菸地畝概令改種黍禾，並隨時查禁，無許仍前趨利逐末，致妨地利。二十三年六月，上諭內閣：

『（上略）夫國以民爲本，民以食爲天，而爲民謀生計敎本俗者，良有司之責也。近日直省州縣官關心民瘼者甚少，卽有一二勤於所事者，亦不過催科聽訟，自顧考成苟倖無過；不知國家設立州縣，號爲司牧，以敎養斯民，舉凡田里樹畜民之所利，必爲之盡勸導，俾衣食有資，足以仰事俯畜，而後可以使之遷善而遠罪。（中略）此在各州縣盡心民事，爲之興利除弊，不以徭役違其農時，不以朘削竭其生理，使閭閻安樂，得以力耕南畝，實其倉廩。其五土所宜，粒食之外，凡桑柘果蔬以及蒲魚雞豚，咸令廣爲藝畜。無業之民，或懋遷有無，或轉移執事，皆可以自食其力，久之地無遺利，人無餘力，齊民之家，各有蓋藏，雖未能比戶可封，如此而陷於匪僻者，蓋亦寡矣！此實國家根本之計，興道致治之原，督撫責任封疆，爲朝廷宣猷布化，當以此課州縣之殿最，而不徒斤斤於簿書期會之間，以厚民生，以正民俗，朕實有厚望焉，將此通諭知之。』

當是時也，知甘肅省高臺縣事周礦，敎民紡織，並勸植棉，以卓異見稱，玆摘錄其曉諭二則，藉章治績焉。

甘肅高臺縣知縣周礦勸習紡織第一示（嘉慶二十三年二月）：

『爲勸習紡織以厚民生事，照得高邑地處瘠疲，民鮮殷富，男子已勤南畝，婦女未習女紅，因是食用未能兼足（中略）現在吐嚕番所產棉花甚多，進關發賣者絡繹於道，不難設法置買，但得闔邑婦女，俱能紡線織布，儘可自謀生活。創始之初，宜先教導。本縣生長南方，妻孥皆習紡織，今令試紡，其線與南方無異，爰仿南式捐製紡車百二十架，鐵錠百二十枝，諭令願學紡者領取，幷令老年婦女數人進署學紡，俾其回家轉爲傳授，使之一人傳十，十人傳百，由城而鄉，自近而遠，我闔邑人民，庶幾農有餘粟，女有餘布，閭閻樂業，風俗淳熙，本縣有厚望焉。爲此出示曉諭，並開事宜條款於左：

一、本城各鋪現賣之熟棉花，未能適用，宜買生花另彈，現在本城彈匠劉姓，新從吐嚕番學來，彈法甚好。

一、欲令婦女紡線，恐其未有資本，本縣擬在甘州肅州一帶，寬爲選買上好生花，即令彈匠劉姓彈熟備用。

一、婦女欲紡線者，令其進署學紡，俟得法後，將棉花秤給，按分兩交線，即按分兩給與手工，其手段有高低，工價亦分差等，酌擬手工每兩自五文起至十文止。

一、凡有不願領棉花而自行買紡者，應聽其便，所紡之線，倘能自行變賣，亦聽其便；否則准其交署，察看高低給價。

一、南方婦女紡線，每人每日可紡六七八兩不等，今既領南式紡車，則每人每月須令交線三四七八兩，即可賺錢七八十文，度日自然寬裕。

一、紡線既多，自宜織布，查縣屬現有四川人黃姓寄居，會做布機，且能織布，本縣已將所做布機驗過，其式與南方相似，擬將所買之線，即令黃姓試織。

一、黃姓如果織布妥善，令其如法傳授，無論男女皆可學習，自然擴充，如不得法，本縣再於南方雇覓高手前來傳授。

一、織布既多，自宜設立布行，以便銷用。

一、紡織皆成之後，所需棉花較多，尤宜設立花行，置買上好生花發賣，此二事俟臨時酌奪。——清周礦勸民叢集。

明年二月，再出示曉諭，對於紡織各事，詳加論列。道光元年五月十六日，為勸種木棉，再示曉諭，有『本縣現在捐製紡車織機，勸民紡織，將來木棉之銷用必繁，與其販自他方，與人共分其利，孰若樹之本境，一方兼擅其資；為此曉諭莊戶人等，其有閒隙之地，磽埆之壤，務須徧樹，此種益於人者既大，取之地者不窮，務本舍末，慎勿以本縣之言為河漢也』等語。是能倡導家庭副業，又復正其本源，靡棄地利者，學道愛人，循良無愧矣。

嘉慶二十五年九月，宣宗已繼大統，因御史陳鴻奏請興修水利，敕直督方受疇飭委妥員於直隸境內，相度各河淀水勢，倣照雍正年間成規，設法經理，並多勸導。詔諭有云『能使水田歲有增墾，收穫漸多，則小民必樂於從事，其山東、山西、河南並著該督撫各就境內一體籌畫，其可以經理水田之處，各勸諭農民，次第興舉，需之歲月，以觀其成，不可視爲具文，用副朕惠民重食至意。』關於撲滅蝗蝻詔書屢下，嚴禁諱飾（如道光元年五月、六月、二年六月，三年八月，四年六月，五年正月、五月、六月、十二年六月，十六年七月。）

道光五年三月，行耕耤禮。十七年五月癸未，上諭軍機大臣等：

『御史胡長庚奏請責成地方官勸課農桑一摺，據稱「山東地瘠民貧，宜開衣食之源，以收樂利之效，該省地宜蠶桑，應行設局勸教。鑿井灌田，不減南方溝塘之利，廣種雜糧蔬菜，亦可備荒。下游被水之區及山河岸坡等處，可種蘆葦箕柳麻菜之類。民無恆產者，勸令大戶給田課租。其登萊青各郡山多之處，應令民間分別種植樹木」等語；着經額布卽將摺內所指各條，確切查明，體察地方情形，是否可行，據實妥議具奏。』

尋奏查登萊青各屬多有飼養野蠶者，其餘各府州民向勤蠶桑，現均飭廣行栽植等語；答諭有云：『認眞辦理，務收實效，不可有名無實也。』二十年二月，貴州巡撫賀長齡奏稱：『試種桑秧木棉，教民紡織，漸有成效。』上諭曰：『實力勸導，不可中輟，勉之！』二十三年七月庚申，上諭內閣：

『訥爾經額奏：「天津至山海關一帶，戶口殷繁，地無遺利。其無人開墾之處，乃沿海鹻灘，潮水鹹濇，不足以資灌漑。屯田之法勢難舉行；至全省水利之說，歷經試墾水田，屢興屢廢，總由南北水土異宜，民多未便而開源疏汕，建閘修塘，一切工費皆需重帑，未敢以有用之項，輕議試行；惟地處旱，地窪處潦，但在地方官於境內溝洫及時流通，以期有備；或開鑿井泉，以車戽水，亦足裨益田功」等語；所奏自係實在情形，均着照議辦理。至南省民間用水車汲井溉田，需費不多，最爲便利，現據該督照式製造，發交各府州，着即諄飭各屬，廣爲勸導，實力奉行。如有民間不知此法，即於頒發式樣後，勸令按井製車，試行灌溉，其始未免惜費憚勞，如行之有效，互相傳造，於農功必有裨益，用副朕敦本重農之至意。』

初、雍正八年，欽定訓飭州縣規條，中列勸農桑一篇，尙屬扼要。道光十六年十一月十五日，頒布通省官員，一體遵守，茲將田文鏡所撰州縣條規關於勸農桑部分，錄示於左，亦足供留心經世之學者攷證焉。

『農桑爲衣食之本，稼穡爲風化之源，我皇上特舉躬耕大典，禮重三推，並命各省督撫下及郡縣，通行耤田之禮，仰見聖天子崇實敦本重農貴粟，其所以表羣工而風兆庶者，誠曠千古而獨隆矣。凡有守土之責，自應加意農桑，以勸聖治，而初任之州縣，尤不可不知勸農之法。如南畝西疇，正當有事，則一切胥役，不許下鄉，恐追呼妨業；如秉耒執筐，都無暇日，則一切雀角鼠牙，不與聽理，恐牽連失時；如野有荒田，則督其墾藝，以盡人功；如地鮮水利，則令開溝洫，資以灌引；如民多游手，則禁賭博，嚴查宵匪，而人皆食力於耕鋤；野有惰農，則禁止社賽，驅逐窩娼，而民皆相安於勤苦：凡此皆所以勸之也。至於春耕秋斂，所謂主伯亞旅者，咸舉趾田間，公餘之暇，不時單騎減從，親詣鄉村，問其播種者如何？收穫者如何？奬其勤樸，戒其奢靡，諭省物力於豐收，令儲蓄藏於籽粒，麻麥桑柘之間，以與父老子弟殷殷相慰勞；聞其憂則恤，聞其喜則慶，俾知長官重念農桑，莫不感激鼓舞，以自盡力於出作，此又勸之以心而非但勸之以身也。況來往閭閻，官民相習，而地方之風氣，人情之厚薄，並得周知其詳，其於初任者，不更多所裨益哉？』——田文鏡州縣規條

文宗之世，勸課要政，鮮有足錄。其後穆宗繼位，政亦不修，國家多故，民生日艱，而農田栽種罌粟實始於是。毒卉彌漫，妨民害農，雖有中興之臣，削平內亂，而國本動搖，敗象已伏矣。

同治元年六月、八月，詔令捕蝗。四年二月，禁種罌粟，俾小民服田力穡，共慶有秋。七年六月、十二月，申諭禁種罌粟，違卽處以應得之罪。八年六月丙寅，上諭內閣：

『御史徐景軾奏興利宜重農桑一摺，農桑爲衣食之原，最關緊要；惟小民耕種，未免勤惰不齊，是在地方官隨時督率，予以勸懲。着各省督撫，責成各該地方官認眞考課，實力奉行，不得藉端滋擾。』——穆宗毅皇帝聖訓

十一年十一月丁酉，四申禁種罌粟免妨民食之諭。然禁自禁，種自種，利之所在，不能絕也。

淸之德宗，固重農事者也。光緒二十三年諭曰：『桑麻絲茶等項，均爲民間大利所在，全在官爲董勸，庶幾各治其業，成效可觀。着各直省督撫督飭地方官，各就土物所宜，悉心勸辦，以濬利源。』特設農工商部，職掌全國實

業，以尚書侍郎統之而總核於左右丞左右參議，分四司，農務其一也。二十九年，時事多艱，朝野僉以興學育才爲急務。張之洞釐訂學堂章程，次第推行，至是農始有學。茲錄其大凡如左：

一、農科大學爲大學堂八科之一，分四門：一農學，二農藝化學，三林學，四獸醫學，學習年數以三年爲限。

二、高等農業學堂以授高等農業學藝，使學生將來能經理公私農務產業，並可充各農業學堂之教員管理員爲宗旨；以國無惰農地少棄材，雖有水旱，不爲大害爲成效。分豫科本科：豫科一年畢業；本科分農學、森林學、獸醫學三科，若在殖民墾荒之地，可設土木工學科，農學科四年畢業，餘皆三年。

三、中等農業學堂以授農業所必需之知識藝能，使學生將來實能從事農業爲宗旨，以各地方種植畜牧日有進步爲成效，豫科二年畢業，本科三年。

四、初等農業學堂以教授農業最淺近之知識技能，使學生畢業後實能從事簡易農業爲宗旨；以全國有恆產人民皆能服田力穡，可以自存爲成效。三年畢業。

此外尚有農業教員講習所，科目凡二十三，學習年數以二年爲限；通商口岸及出產絲茶省分，又設立茶務學堂及蠶桑公院等，對於農業教育固甚注意也。是時疆吏之重視農事者，則有端方就舊有之江南格致書院改設農工實業學堂（光緒三十年），並附設農業試驗場一所，先後拓至一百八十畝，僱農夫頭二人，農夫二十八，以田家青年子弟充當，月給工食銀四兩，半日教授，半日耕種，以一年爲畢業期限。學成之後，更番招集，在使農學知識，普及民間，耕夫所獲，增於往昔。所需常年經費由財政局牙帖捐振捐項下，按月撥解銀三百兩，嗣以經費不敷，又加籌銀一百兩，綜計每年所撥官款共需銀四千八百兩。通州張謇，於淸季復倡『棉鐵主義』，國人漸知注意種棉。同時人民對於造林，多知注意，紛紛創設樹藝木植等公司，以興林業。光緒二十二年八月，御史華輝上請講求務本至計以開利源摺，其言有謂：『……苟能博求良法，勸導民間，則餘利豐盈，偶有水旱偏災，無虞凍餒矣。……今請定一勸民種植之法，民間有能於舊有樹木外，種樹至五萬株以及十萬株以上者，官爲酌給獎賞，以示鼓勵；並請定一戕害樹木之禁，有無故戕害樹木一株者，貧民罰種兩株，富民罰錢千文，以充公用。』

有淸一代，藉農書圖說以廣農事之勸相者，舍聖祖御製之耕織圖詩，高宗敕編之授時通考外，尙有梭山農譜，豳風廣義，區種五種，荒政輯要，治蝗全書，蠶桑萃編，廣蠶桑說，農業全書，農業叢刻等若干種。

第九章　結論

中國以農立國於天壤間者，亦既有五千年之史乘，以奄有寒溫熱三帶之疆域，兼備水陸動植諸物產，益以禀和平親愛互助等美德之民族，闢草萊，斬荊棘，辨其種類，趨其耕耨，終能安其居而樂其業，甘其食而美其服，造成農業中心之社會，雖至今而靡遷變者，蓋亦有其由矣。嘗讀雅頌之詩，而嘆古之人於先疇如此其重也！益以宗法社會，自古綿系，楚茨大田之詩，皆公卿有田祿者，周有世卿，其祖若父之采地，傳諸後人，故曰曾孫。今觀其言曰：『我疆我理，』『我田既臧，』『我黍我稷，』『我倉我庾，』農夫愛其曾孫，則曰：『曾孫不怒；』曾孫愛其農夫，則曰：『農夫之慶，』以致攘饁者之食而嘗其旨否？剝疆場之瓜而獻之皇祖，何其民風淳樸上下相親如此！不能家給人足無分外之謀而已也，蓋民唯耕耘則氣樸而質固，習勤而善生，古稱孝弟始於力田者，良不誣也。

夫農既為世業矣，古之王者，設官以治，躬巡畎畝，勸相教誨，至再至三，非故事也；而有司教民蓄積，食時用饑，諄諄懇懇亦非故事也；蓋知非固本不足以抑末，非躬親不足以相勸，農為政本，本固邦寧，培斯善政，則享國承家，長遠而無弊。衛詩『星言夙駕，稅于桑田，』言勸課之勤也；而終之以『秉心塞淵，騋牝三千，』蓋言其操心誠實而淵深，故雖畜馬之衆，亦至於三千也。且臣下之獻忠於上者，惓惓以稼穡為言，故周公之輔成王，既於書作無逸，以為其君告；又於詩作豳頌，以為其君誦，無非以農事為小民之所依，王業所自起而已。至於噫嘻之詩，吁嗟之頌，前王之所以戒命後王與臣工者，諄諄以農事為急，誠可謂知本者矣。

秦漢以前，疆土不廣，民風淳樸，重農務本，去古未遠。為君上者，亦習知農事關生人之大命，是以服天下之累勞。善乎宋眞德秀之言曰：『當是時，農之所耕者，自有之田也，而上之人，又從而崇獎勸厲之，故斯人亦以為生之樂，而勤敏和悅之氣，浹於上下，不見其有勞苦愁嘆之狀，朋酒羔羊，升堂稱壽，君民相與獻酬，忘其尊卑貴賤。後世之農，則異乎此矣！已無田可耕，而所耕者，他人之田。爲有司者，得無殃害之足矣，豈復有崇獎勸厲之意？故數米而炊，併日而食者，乃其常也。田事既起，丁夫之糧餉，與牛之芻豢，無所從給，預指收斂之入以爲稱貸之資，糲飯藜羹，猶不克飽，敢望有鹽酪之嘉味乎？夫農夫女紅之艱勤，富室知之者寡矣，況士大夫乎？士大夫知之者寡矣，況貴戚近屬乎？貴戚近屬知之者寡矣，況六宮嬪御乎？』後世上下睽隔，去民逾遠，治疆日廣，巡狩不聞，率勸農功委諸臣下，又復耽樂驕肆，征役頻繁，民喪本業，鮮有蓋藏，求國無危，安可得耶？

勸課之制，備於成周。自周以後，最重農者，莫如漢文景二帝，惓懷農事，不尚虛文，減租之詔歲下，亦足以徵其用心。雖以武帝之窮奢好武，下至舟車，罔不有算，然於田租，則未嘗有加，所謂誠於憫農之實惠也。兩漢寓士於農，故古之農，不若今農之絕無學，顧闕專書，罔分科目，猶不克通政與業之變，亦不足盡政與業之能。雖然，孝弟力田之政，尙獲參合農業之文質，蓋以勸農循吏之踵出，卒能化民成俗，致國太平，固遠甚於今日經生學士之農田父野老之農，各事其文質，不復參合以致於業而發於政者萬萬也。晉唐以後，養民之政，陵夷隳壞，無一存者。古之循吏，傳其人不傳其政，非政之不傳，一人之政，而非一代之政，宜其政之不傳也。雖設專官，厲行黜陟，責有可委而察有未周，視若具文而專事塗飾，此龔黃召杜以後，能實心化導其屬，實力勸課其民者，所以不數數覯也。至若爲君上者，未嘗不耕籍田，后妃未嘗不親蠶事，非不下憫農之詔，非不敕守令以勸相，然皆尙虛文而已，非實惠也。縱之歷代之治，其於農政罔不有初而鮮終。開國君主，心存敬畏，誠能恫鑒過往之失，明教勸農，力謀生聚，黜陟幽明，勸加賞罰，詔書多憫農之辭，敕語申勸課之責。自是流民漸還，田闢倉實，雍熙之治，隆於一時，安性蓄生，獲綿國祚。嗣繼之君，或猶敬天法祖，惟力規隨。數傳以後，勢異情遷，自幼深居宮禁，終罔恤乎民情，稼穡艱難，非所諳習，雖間頒勸農之詔，每多視爲例行，即或小有仁施，惠澤終難普及；益以昧於民瘼，或見小而遺大，而述先王仁政以爲師倣點綴之功令者，初固鮮具誠心，此成周兩漢之風，所以難幾及也。用是臣工視爲具文，州縣趨承風旨。迨及叔季之世，朝野視農，無足重輕，官不寬其力而奪其時，吏卒因爲姦利，民食日艱，民生日困，上下煎迫，終召禍亂，宗社覆亡，良有以也。

農何以勸？蓋涵有教督兩義：教其所不知，督其失時怠惰也。後世之農，知識愚昧，『使由不可使知』之治，教農之義，已喪其眞銓，縱盡督農之能事，固已失勸農之本詣矣。後世以農爲業者，初固不待督也，能寬其力，勿奪其時，已足致民物蕃息之域。今則反其道而行之，日爲妨農之政，而自昭宣其勸農，在上者不獲知，被治者苦無告，故妨農莫甚於苛擾。善乎柳宗元之言曰：『長人者好煩其令，若甚憐焉，而卒以禍。旦暮吏來而呼曰：「官命促爾耕，勖爾植，督爾穫，蚤繰而緒，蚤織而縷，字而幼孩，遂爾雞豚，」鳴鼓而聚之，擊木而召之，小人輟饔飧以勞吏者，且不得暇，又何以蕃其生而安其性耶？』是故西漢文景之興農也，在減免租稅以寬其力，元魏太和之治也，在簡以暢役無令失時，蓋師三代聖王養民之制，亦唯推求其懷保無已之意而已！

周代士農無所軒輊，漢重孝弟力田，是農明教初不待督而後耕，與後世蠢然無智蚩蚩不學者，固硜硜有間也。自漢以後，學術日趨無用，於是農工商之與士，劃然判爲兩途，其方領矩步者，麥菽猶懵，麤論樹藝而服稼穡兩畝者，不識一字，與牛犂相去一間，安望其能通業於學，翘新法以光大農圃也哉？農之爲業，至繁賾也，自耕耘以至收穫，靡不各具其專擅；又須各視其地而異，高下肥磽，異乎土質，寒燠燥溼，異乎天時，精粗勤惰，異乎民習，設非博學審問，愼思明辨，以篤其行，貿然執一方之利害以概天下，未有不訝其不效而疑其所學者，安在學之足爲世用哉？古代農事，初無專書，其散見於易詩書爾雅春秋禮記者弗詳，較詳者，始齊民要術，又宜於河以北爲多，元代農書，乃及東南。明徐元扈氏以通天主教故，彙輯農書，始紹介泰西治農之法於中土。至於唐後各朝，雖間有勸農圖籍之頒行，然皆屬諸官書，固不克家絃而戶誦也。清季變法圖強，倡興農學，於是有農校之創設，農書之編行，顧所采獲，多主歐美日本，而客中國四十年來之終果，儲材雖衆，要皆士大夫之農也。張其利而不克執其事，狀其[illegible]而不克祿其功，執書以與田父野老言，輒格格不相入，終至學自學，農自農，學不能致用於農，農亦無通於學，觀於國內農業之瀕近凋零，江河日下，求昔日自給自足之境且未能，則其效已可覩已！國制肇造之頃，秉國鈞者，亦嘗偶爾言農矣，其去乃彌遠，勸課農桑，視無足重，徒倡口惠，鮮具忠誠，農困日深，國本將絕，玆篇之輯，重可慨矣！

附參考書籍

(一)詩經。

(二)禮記。

(三)周禮。

(四)國語。

(五)古今圖書集成食貨典。

(六)玉海。

(七)冊府元龜。

(八)農桑通訣。

(九)文獻通考。

(十)授時通考。

(十一)張綬：大中華農業史。

(十二)宋史本紀及食貨志。

(十三)遼史本紀及食貨志。

(十四)金史本紀及食貨志。

(十五)元史本紀及食貨志。

(十六)宋眞德秀：大學衍義。

(十七)朱文公文集。

(十八)聖學格物通。

(十九)明邱濬：大學衍義補。

(二十)明通紀。

(廿一)明會典。

(廿二)大政紀。

(廿三)明紀事本末。

(廿四)明外史楊思義傳。

(廿五)明馮應京：皇朝經世文編。

(廿六)清九朝聖訓。

（廿七）賀長齡：皇朝經世文編。
（廿八）皇朝經世文新編。
（廿九）清會典。
（三十）田文鏡：欽定訓飭州縣規條。
（卅一）周馥：勸民彙集。
（卅二）端方：端忠敏公奏議。